ブラジル日系人の日本社会への貢献

梅田 邦夫

東京図書出版

はじめに　この本を書こうと思った四つの理由

二〇二二年十月現在、日本で働く外国人労働者人数は約百八十二万人と過去最高となった。十年前の二〇一二年における人数は約六十八万人であり、この十年間での増加人数は約百十四万人、約二・七倍の増加になった。新たに急増したのは主にベトナム人、ネパール人、インドネシア人、ミャンマー人といったアジアからの労働者である。

その一方でブラジル人およびペルー人労働者数は、二〇一二年の約十五万人から二〇二二年の約十七万人で、約二万人の微増にとどまった。その結果、ブラジル人とペルー人労働者が外国人労働者全体に占める割合は、二〇一二年は二一％であったのに対し、二〇二二年は約九％と半分以下となった。

日本を取り巻く国際環境を勘案すると、アジア人材へのシフトは当然の結果であろうが、日系人が微増にとどまっている原因の一つは、二〇一八年に新たに導入された日系四世の長期滞在制度（第一章で説明）にあると思われる。

日本では人口減少が加速しており、少子化対策は緊急の対応が必要である。同時に、国力維持のためには外国人材から選ばれる国であり続けることも不可欠である。ベトナムをはじめとするアジア諸国からの向上心に溢れた人材確保と並行し、日本で勉強したい、働きたいとの意欲を有する日系人を温かく迎え入れ、日本の発展に貢献してもらうことも重要と考える。このような思いを胸に、次の四つの理由からこの本を書きたいと考えた。

一つ目は、日本人は「日系人」のことをもっと知って、大切にしなくてはいけないと考える。

ブラジルやペルーを含む多くの国において、日系人は、勤勉、誠実、約束を守るといった肯定的イメージを確立しており、それが当該国の「日本」及び「日本人」への信頼につながっている。

海外の日系社会は、世界最大の日本の応援団であり、また日本食や柔道、茶道をはじめ日本文化の力強い伝道者でもある。

そして何よりも、日本が貧しい時代に「国策」として海外に移住した方々の子孫を温かく迎えることは、豊かになった「日本の責務」でもあると思う。

人口減少に直面する日本にとって、祖先の出身国「日本」で勉強したい、働きたいという気持ちを抱く日系人を受け入れて、日本社会の発展に貢献してもらうことは、日本自身の将来のためにも重要である。

ただし、彼らの受け入れに当たっては、過去の過ちを繰り返さないために、受け入れ態勢を整備することが重要であり、少なくとも日本語の基本と生活習慣や教育・社会制度を事前に学ぶ機会を提供することが不可欠である。

二〇二二年十月、私は六年ぶりにブラジルのサンパウロを訪れた。訪問の目的は、CIATE（国外就労者情報援護センター）主催のシンポジウムにおいて「日系四世の長期滞在制度に関する諸課題など」に関する講演をするとともに、旧知の日系団体及び経済団体幹部とその問題について意見交換することであった。

二〇一八年、日系社会からの要請に基づいて、日本政府は、一年当たり四千人の日系四世を受け入れることを目途に、「新たな長期滞在制度」を導入した。多くの人が、この新たな制度成立に大きな期待を抱いたが、課された条件が厳し過ぎたことから、四年が経過した二〇二二年九月の段階で、この制度の下で入国できた日系四世は百四十一人であった。コロナ禍があったとはいえ、あまりにも残念な結果である。

このような実態を前に、日系社会の一部から、日本は日系人を受け入れたくないので、このような厳しい条件付きの制度を導入したのではないかとの意見すら聞かれたのは、大きなショックであった。この制度の改善を含め、日系社会との「絆」強化の重要性について、日本社会の理解を深める努力が必要と強く感じた。

二点目は、日本社会の様々な分野で貢献するブラジル日系人が多数存在している事実を多くの人に知ってもらいたい。

ブラジルで教育を受け日本で活躍している人、そして日本で教育を受け日本社会で活躍する人も着実に増えている。いまだ人数は多くないが、スポーツ選手、評論家、宗教家、大学教授、経営者、医者、弁護士、行政書士、エンジニア、歌手、落語家等々、活躍する人材が出てきている。

ブラジルで教育を受け日本で活躍している人材の一人は、セルジオ越後氏である。二〇二二年に開催されたＦＩＦＡワールドカップ・ドーハ大会を見ていて、セルジオをはじめとするブラジル関係者の日本サッカー界発展への貢献はとても大きいと再認識した。今でこそ、日本代表チームがＦＩＦＡワールドカップに出場することは当然のように思われているが、セルジオが初めて日本に来た五十年前、日本のワールドカップへの出場は「夢」ですらなかった。セルジオ越後氏の長年にわたるサッカー普及活動、Ｊリーグ発足直後にジーコやドゥンガなどブラジル代表選手が日本でプレーし、練習方法や戦術だけでなく、プロ意識を教えてくれたこと、また、ブラジル育ちの選手が日本代表チームの一員としてプレーしてくれたことを通じ、日本サッカーの普及とレベルの向上に大きな貢献があったことは間違いない。ブラジルは日本サッカー躍進の恩人である。

また、昨年七十九歳で逝去したアントニオ猪木氏の日本プロレス界の興隆発展への長年にわたる貢献は大きい。猪木氏がいたからプロレス・ファンになったという人は多い。猪木氏の親族は現在もブラジルに在住している。私は同氏と直接お話しできる機会を持てなかったが、同氏はブラジル日系社会の誇りであり、日本との大切な「絆」でもあった。改めて心よりご冥福をお祈りしたい。

宗教界では、二〇二〇年真宗大谷派第二十六代（東本願寺）門首に就任した大谷暢裕（ちょうゆう）氏は、ブラジル国籍で物理学者でもあるなど異色の経歴である。

第一章では大谷暢裕門首、セルジオ越後氏など日本在住の十人へのインタビューを通じて、彼らが日本とブラジル両国で歩んできた道程、思い、日本社会への具体的貢献を文章にしている。この十人は、アイデンティティの確立を含め、様々な困難を克服しつつ人生を歩んでおり、その発言内容には感動させられる。

三点目は、現在日本に住む日系人が直面する課題と「外国人との差別のない共生社会実現」に関してである。

入管難民法改正（一九九〇年施行）から三十年以上が経過した。この間、三世までは本人とその家族に定住と就労が認められた。彼らは自動車メーカーや部品産業、家電などの日本の基幹産業を支えてきたが、二十〜三十代で訪日した人々も高齢者となりつつあり、様々な課題に直面している。

また、子供たちの教育は引き続き大きな課題である。例えば、日本語学習、学校における「いじめ」などである。

日本は、人口減少と深刻な労働力不足問題に直面し、外国人材の貢献なしに国力を維持することができなくなった。二〇一八年の特定技能制度創設に合わせて、政府は「外国人材の受入れ・共生のための総合的対応策」を策定し、予算措置も講じている。また、二〇一九年には議員立法による「日本語教育推進法」が制定され、外国人材との差別のない共生社会実現に向けて歩み出している。

この点に関して、三十年間に及ぶ日系人受け入れから学ぶべき「教訓」(良かった点、反省すべき点など)を活かすことが重要であり、アンジェロ・アキミツ・イシ武蔵大学教授の提言を第二章に掲載している。とても有益な提言が多く含まれており、実現が期待される。

さらに第三章では、日本人の海外移住の歴史と、その後日系人が日本に「逆流」する背景等について記した。

四点目は、日本の皇室と政界の日系社会に対する「温かい思い」を多くの方に知っていただきたい。

二〇一五年に日本とブラジルは外交関係樹立百二十周年を迎え、秋篠宮同妃両殿下がブラジル各地（サンパウロ、クリチバ、ロンドリーナ、ローランジャ、マリンガ、カンポ・グランデ、ベレン、ブラジリア、リオデジャネイロ）を訪問された。私と妻も全行程に同行したが、両殿下は各州知事との会談に加え、各地で日系社会との心温まる交流を持たれた。

また、それに先立つ二〇一四年、FIFAワールドカップ・ブラジル大会の第二戦（日本対ギリシャ戦）がブラジル北東部ナタウで行われ、高円宮妃久子様（日本サッカー協会名誉総裁）が応援に来られ、試合後にナタウ日系社会との懇親会に出席された。

秋篠宮同妃両殿下と高円宮妃久子様にお供させていただいて感じたことは、皇室の方々の「日系社会に寄り添う温かい姿勢」に特別なものがあるということである。因みに、日本代表チームの試合があったレシフェ、ナタウ、クイアバでは、各地の日系人会が日本人応援団の安全対策と応援を全面的に支えてくれた。日本からの一万人近い来訪者があったが、治安の悪いブラジルで深刻な事件に巻き込まれる人がいなかったのは、各地の日系社会のおかげである。

重要な移住記念式典には、皇室の代表がブラジルを訪問されている。例えば一九八八年の移住八十周年記念式典は秋篠宮殿下、一九九七年の九十周年の前年は天皇皇后両陛下、九十周年式典は小渕恵三外務大臣、二〇〇八年の百周年式典は皇太子殿下（現天皇陛下）、二〇一八年百十周年式典は眞子親王が出席された。

二〇〇八年四月「日本ブラジル交流年・日本人ブラジル移住百周年記念式典」が日本で開催された際、天皇陛下は次のように述べられた。

「近年、ブラジルから数多くの日系人が日本に来て生活するようになりました。私は、今月初めに、皇后と共に、多くの日系人が工場などで働いている群馬県の太田市及び大泉町を訪ねましたが、日系人が地元社会に適応することを助けるために、職場や、地元の小学校などで、いろいろな施策が進められていることは心強いことです。ブラジルにおいて日本からの移住者が温かく受け入れられたのと同様に、今後とも、日本の地域社会において、日々努力を重ねている日系の人々が温かく迎えられることが大切であると思います」

また、海外日系人協会が毎年秋に開催する海外日系人大会には必ず皇室の参加があり、コロナ禍の下、昨年は一昨年に続いて世界を結んでオンラインでの開催となったが、秋篠宮皇嗣殿下が参加され、「おことば」が寄せられた。

二〇二二年七月、安倍晋三元総理暗殺の報に接し、ブラジル日系社会にも衝撃が走るとともに、深い悲しみと哀悼の声が多く寄せられた。

二〇一四年八月、安倍総理夫妻は、小泉純一郎総理以来、日本の現役総理として十年ぶりにブラジル（ブラジリアとサンパウロ）を公式訪問した。また、二〇一六年八月には安倍総理が単身でリオ・オリンピック閉会式に参加した。安倍元総理のこの二回の訪問を契機に、日本と日系社会との多くの連携強化策が実現した。

当時、私は安倍総理を現地で迎えたが、総理夫妻の日系社会を大切にする気持ちに深く感銘を受けた。二つのエピソードを紹介したい。

安倍総理夫妻は、ブラジリアでは約二百人、サンパウロでは約千二百人、リオデジャネイロでは約百五十人の日系社会の代表者と懇談し、それぞれの地で、八～二十人のグループ毎に写真撮影が行われた。特にサンパウロでは終了まで一時間近く要したが、安倍総理夫妻は最後まで笑顔で対応した。おそらく各地の出席者全員にとって安倍総理夫妻との写真は、最高のプレゼントになったと思う。

また、サンパウロ滞在中、安倍総理は私に対して、「日系社会は日本の『宝』であり、日系社会と日本との連携策を充実・強化して欲しい」と語った。その後、大使館はブラジル各地の日系団体、総領事館・領事事務所、ＪＩＣＡ事務所、国際交流基金事務所と意見交換し、多くの提案を東京に行った。

幸いなことに、東京では総理ブラジル訪問に同行した世耕弘成官房副長官と長谷川榮一補佐官が、官邸で日系社会との連携策強化のための「関係省庁局長レベル」の会議を二年近く開催し、提案の実現化に向け後押ししてくれた。日系社会支援のための官邸での関係省庁会議開催は、安倍総理が如何に日系社会を大切にしていたかを示す一例である。

二〇一八年（私は既にブラジルを離れベトナムで勤務していたが）、日系四世の長期滞在制度が新たに導入された。下地幹郎衆議院議員からの質問に対する安倍総理の国会答弁が契機となって実現した。また麻生太郎元総理と河村建夫元官房長官のイニシアティブにより、「中南米の日系人を応援する議員連盟」が発足したことも、強い「追い風」になったと聞いている。

二〇二三年一月一日、ルーラ新大統領の就任式が首都ブラジリアで行われた。日本からは小渕優子日伯議員連盟副会長が出席し、その機会に、サンパウロとクリチバで日系社会幹部と意見交換した。

同年一月八日、林芳正外務大臣が中南米諸国歴訪（メキシコ、エクアドル、ブラジル、アルゼンチン）の一環として、サンパウロを訪問し、日系人会代表と懇談した。日本移民資料館で開催された歓迎式典で挨拶に立った林大臣は、今回の中南米諸国訪問の最大の目的の一つは各国の日系社会との連携強化であると述べ、外務省に「中南米日系社会連携推進室」を設置することを発表した。

たまたまであるが同日、首都ブラジリアでは、ボルソナロ前大統領を支持する暴徒が、大統領府、連邦議会、最高裁判所の三カ所を占拠し、破壊活動をするという民主主義を揺るがす歴史的事件が発生し、千五百人以上の人が逮捕された。

林大臣は、予定通り翌九日にブラジリアを訪れ、ビエイラ・ブラジル外務大臣と意見交換し、民主的に選ばれたルーラ政権への日本の支持を明確にした。外交ではタイミングがとても重要であるが、ブラジル側から見ると自国の民主主義を揺るがす大事件が発生した直後にG7首脳会議議長国、かつ、国連安保理議長国（二〇二三年一月）たる日本の外務大臣がブラジルの民主主義、ルーラ政権への支持を表明した政治的意義は大きい。

二〇一四年七月の安倍総理のブラジル公式訪問から既に九年近くの時間が経過している。世界が大きな時代の変革期にある中、世界最大の日系社会が存在し、民主主義や人権尊重などの基本的価値観を共有する、食料・資源大国であるブラジルとの一層の関係強化は重要である。岸田文雄総理は二〇二三年五月のG7広島首脳会談に、ルーラブラジル大統領を招待したが、岸田総理自身にもブラジルを早期に公式訪問し、日本とブラジルの関係強化に加えて、日系社会との連携強化にも力を注いでいただきたいと思う。

なお、日本政界の一部では、「ブラジルに行くと運が上向く」と語り継がれている。小渕恵三氏は一九九八年移住九十周年式典に外務大臣として出席した後、総理に就任した。また、麻生太郎氏は二〇〇七年外務大臣としてブラジルを訪問した直後に自民党幹事長に就任し、一年後移住百周年記念行事に出席した直後に総理になった。ブラジル訪問直後、武部勤氏は自民党幹事長、河村建夫氏は官房長官、塩谷立氏は文部科学大臣にそれぞれ就任している。

ブラジル日系人の日本社会への貢献◇目次

第一章　日本で活躍するブラジル日系人

この章では、十人のブラジル日系人への取材を通して、彼らの日本社会への貢献を具体的に見てみたい。

それぞれの人の、ブラジルおよび日本で歩んできた道は決して平たんではなく、まるでドラマのように様々な大きな困難を乗り越えてきている。その生きざまは、後に続く人たちに生きる「勇気」を与えてくれると思う。特に、それぞれの人が自分のアイデンティティに悩みながらも、それぞれの立ち位置を確立されていることに、一人の人間として心から敬意を申し上げたい。

セルジオ越後氏の五十年来の友人平野宣行氏がある時、私に次のようなことを言った。「セルジオの貢献は、サッカーやフットサルの普及だけでなく、我々とは異なる景色を見ており、日本基準と国際基準の違いの説明等、サッカーの解説を通じて多面的な見方を日本社会に提供していることである」

今回、それぞれの人への取材を通じて強く感じることは、日本国内で育った日本人が気付かない新鮮なものの見方や視点が発言の中に多く含まれていることである。そして、それぞれの人が、各分野で自分の人生を新たに切り開き、日本社会の発展に様々な形で貢献していることである。

彼らの発言の多くは、この三十年停滞している日本を再活性化するために、日本として外国人材をどのように受け入れるか、そして外国人材が活躍できる環境づくりをどのように進めるかを考える上で、とても示唆に富んでいる。

一人ひとりの人生をじっくりと読んでいただければ幸いである。

なお、訪日を考えている日系人及び彼らを受け入れる日本社会への助言という質問に対して、多くの識者の一致している指摘は、次の通りである。

■日系人は訪日前に、日本の文化や社会制度・教育制度、日本語会話の基礎を学ぶことが重要であり、日本側はこれを受け入れ前の条件にした方が良い。

■日本語を知らない学齢期の外国人が日本社会にうまく溶け込むためには、日本到着後六カ月から一年間が特に重要であり、この期間は「制度」として伴走型日本語教育をできるように工夫して欲しい。

■また、この期間、誰かが寄り添って子供たちに「疎外感」を感じさせない配慮が、とても重要である。この点は、日本に来た外国人子弟のみならず、長年外国に住んだ日本人の帰国子女にも必要な配慮である。

■アイデンティティに関しては、日系人は日本人の良い点（正直、勤勉等）とブラジル人の良い点（おおらか、柔軟等）の双方を有していると「自信」を持つと良い。

■日本社会は、日本語の理解できない外国人がいることを前提に申請書や標識なども多言語で説明・表示するようにして欲しい、少なくとも英文を用意して欲しい。

■人前で頭を叩くことは絶対にしてはいけない（この行為はブラジル、ベトナムを含め多くの国で最大級の侮辱行為である）。

■外国人児童の教育を義務教育にして欲しい。

■外国人を排除するのではなく、手を差し伸べ、相談に乗ってあげて欲しい。

■外国人労働者の労働契約は日本語だけでなく、外国語（日系人の場合ポルトガル語訳）のものも用意することを義務付けて欲しい。

セルジオ越後(えちご)　サッカー評論家

一九四五年、サンパウロ生まれ、日系二世。元プロサッカー選手。一九七二年に来日し日本在住五十一年、ブラジル国籍。現在、サッカー評論家、株式会社栃木ユナイテッド代表、日本アンプティサッカー協会最高顧問。二〇〇六年文部科学省の生涯スポーツ功労者表彰、二〇一三年外務大臣表彰、二〇一七年旭日双光章を受章。二〇二二年、訪日五十周年の祝賀会が催された。

「故郷とは場所ではなくヒトである」

◆終戦の年サンパウロで生まれて

兵庫県姫路出身の父親と熊本県天草出身の母親との間の五人兄弟末っ子としてサンパウロのジャルディンナ・サウージという日本人の多い住宅街で生まれ育った。私の子供の頃は道路もまだ舗装されておらず、雨が降ると、そこでダムをつくったり、裸足で泥んこになって遊んでいた。

父は貿易業を営んでいたが、先の戦争で閉鎖しなくてはいけなくなり、途中で銀行勤務に変わった。私は一九四五年の七月生まれで、私自身は戦争の記憶はないが、それぞれ二人いる上の兄や上の姉は、戦時中は「敵」だったので食料品を買うのに、お店の裏から入らなくてはいけなかった、と言っていた。

父側の叔父さんは広い農場を経営していたが、周りの人から信頼されていて、叔父さんの名前が付いた道路もあった。そこもそうだが、母のお姉さんのところも、十人くらいの大家族だった。

家の周りは緑が多いところで、学校へはバスで通った。朝はいつも満員で、ぎゅうぎゅう詰めだった。上の兄や姉は日本人学校を卒業していたが、私とすぐ上の兄は、ブラジルの学校へ通った。当時ブラジルの学校は三交替制で、机の中に忘れ物をすると確実になくなった。そのせいだろう、忘れ物はしなくなった。

一九四三年生まれのすぐ上の兄はマリオで、私はセルジオ、姉二人は「かずこ」と「としこ」だった。いずれは日本に帰るつもりだったので当初は日本名、しかし戦争が始まると如何様にも対応できるようにとブラジル名を付けたようだ。

家の中は日本文化が大事にされる、教育熱心な、いわば日本。外に出るとブラジル生活というダブルスタンダードだった。成長して家の外で過ごす時間が増えてくると、自ずとブラジル文化に馴染んでくる。だから親が日本語で語りかけてきても、私たちはポルトガル語で応えることが多くなり、その内、両親の日本語も分からなくなっていった。食事も子供たちは現地の料理を好むようになっていく。母は父用の日本料理と子供たち用のブラジル料理の二種類をつくっていた。

◆遊びや生活で体を鍛えた

雨の日以外は毎日外で遊び、年齢差のある近所の子供たちとサッカーに限らずいろんなスポーツや遊びをした。木に登ったり、かくれんぼをしたり、凧揚げをしたり、ビー玉遊びをしたりした。ブラジルのエデル・ジョフレというボクシング選手が世界チャンピオンになった時には、ボクシング遊びも私たちの間で流行った。上級生も下級生も一緒になって遊ぶことで、助け合いの精神も学んだ。

また、午後三時か四時頃に、近くのパン屋でフランスパンが焼き上がる。家族の人数は多いから、パンもたくさん必要だ。母がその頃合いに、外で遊んでいる私のところに来て、バゲット八本、十分以内で買って来れたら、お釣りをあげると言う。もちろん子供の私は、喜んで走って買って来る。行きは少し上り坂だが、全力疾走だ。もちろん帰りも。そうして、待っていた母に渡す。私はお釣りをもらえてうれしい。母も喜んでいる。途中でつまみ食いされることを上手く避けられたと。何度かそうした後で、母は時間設定の理由を明かした。そんな母だった(笑)。

中学校に行くようになって差別があることも感じた。サッカーをやっている時は黒人も多くいたのに、中学校に来ている黒人はとても少なかった。ブラジルもアメリカ同様、奴隷社会許容の時代があったので、それが当時も根強く残っていたのだ。特に私の育った町はサンパウロとはいえ外れの小さな町だったので、差別があった。白人用の教会と黒人用の教会があった。スポーツは交ざってやっていたが、社会生活のあちこちに黒人差別が残っていた。日本人への差別はなかった。叔父さんから聞いた話だが、戦前までは、銀行からの借入は、日本人ならひと言、お願いします、でOKだったらしい。ただ戦後、悪い日本人が入ってきて、その信頼を壊してしまった、とも言い足した。

◆プロサッカー選手になる

私がプロサッカーの選手になれたのは、ブラジル独特の「スカウティング」という、選手発掘のシステムのお陰である。

ブラジルサッカーのスカウティングはファンがやる。自分の好きなチームに上手い選手を連れて行くのだ。名門チームは週に一度くらいテストをやっている。広い国中にいる目利きのファンの目に留まった選手が集まって紅白戦をやる。そうして選ばれていく。私の場合は、「コリンチャンス」という名門チームを知っているファンの人から、君、一度そのテストに行ってみないか、と勧められたことから始まった。日本はそれぞれのチームがスカウトするが、ブラジルは全国のファンがスカウトするのだ。その方が、広く隅々まで目が行き届く。私が「コリンチャンス」と契約したのは十七歳の時。それまでは数え切れないほどいろんなチームでプレーした。フットサルもやっていた。

「コリンチャンス」の紅白戦にはスパイクを持って来い、ユニフォームは用意する、との指示があった。全国から集まった若い精鋭たちがロッカールームで座って緊張して待っている。目指すポジション別にまずは各自、自分で手を挙げる。ハーフは花形ポジションだったからそこを狙う選手は多い。私は、それを察知して、敢えてウィングで手を挙げた。お陰で、長時間紅白戦でプレーでき、ハーフで手を挙げた連中は一人五分ずつで自分の技量を見せるチャンスを減らした。これも駆け引きの内だ。

ブラジルサッカーの面白いところは、試合をやった後、目立った選手には、ウチのチームでもやらないか、と誘うこと。そうやって、どんどん強いチームに入っていくこともできる。センスのある人を見つけ出し、効率よく育てる。これは、平等を大事にする学校ではできない。

日本に来てからしばらくして、母を日本に連れて帰った。私が、日本の多くの教育関係の偉い人と付き合っていることを知って、見直したようだった。教育者こそエラいと信じていた母なので、サッカーやらせて良かった、と初めて思ってくれたはずだ。

当初はヘディングは頭に良くないからとサッカーに悪印象を持っていた父の方が、サッカーを認めるのも少し早かった。一九六四年の東京オリンピックの、ブラジル代表に選ばれた時だ。それが新聞に載り、父の取引先の人から、息子さん凄いね、とさんざん言われたようで、サッカーに反対していた父も、うれしかったようだ。しかし、「コリンチャンス」の代表とブラジルサッカー協会の人とが仲違いし、「コリンチャンス」の会長がウチからは選手を出さないということになった。弁護士を介して、セルジオにとっては祖国でのオリンピックだから何とか、とお願いしたら、オリンピックはダメだが、プロ契約をしよう、となった。

人生のご縁は不思議なものだとつくづく思う。あの時、オリンピックで東京に来ていたら、また違う人生が待っていたかもしれない。父は実は隠れてサッカーの応援に行っていたのよ、と後になって母が教えてくれた。

◆気が付けば在日五十年

二十七歳で来日した一九七二年当時は、日本語も話せず、人として未熟でもあり、日本に関する情報も十分に持っていなかった。来日後二年間、サッカー選手として活動したが、選手生活には広がりがなく、練習場と自宅との往復の繰り返しで、言葉の壁もあって人と出会う機会もあまりなかった。

当初は二年半で帰国する予定だったが、気が付くと五十年も過ごす結果となった。その理由の一つは、「さわやか教室」というサッカー普及事業に携わることができ、出会いが増えたことである。様々な人の話を聞いて、人として成長し、人脈も徐々に拡大していった。ブラジルよりも日本により多くの友人を有するようになって、次第にホームシックを感じなくなった。つくづく「故郷」というのは「場所」ではなく、「ヒト」なのだと思う。

私は、日本に来て、ブラジル人であることを恥ずかしいと思ったことはない。いじめられたということも一度もない。元プロサッカー選手として来るということが恵まれていたのだなあ、と今になって思っている。

この五十年間で日本も大きく変わった。自分はまだ日本に外国人が少なかった時代に来日したので、多くの日本人にとって外国人である自分が珍しく、大切にしてもらえた。また五十年前は、人と人との距離感が今よりもあったが、「さわやか教室」を通じて人との垣根を低くすることができたことも自分にとって大きかった。日本各地で「さわやか教室」を実施して日本各地の変化を肌で感じることができたと思う。半世紀前は一晩かかっていた場所に、新幹線に乗れば数時間で到着できるようにもなった。

◆サッカーとフットサルを「普及」させるために

日本では、「ＦＩＦＡさわやかサッカー教室」というサッカーの普及活動を三十五年以上続け、これまで合計六十万人以上の子供たちを指導してきた。同行した家族を含めると、おそらく総数は計二、三百万人の人と直接対話したことになると思う。この教室の目的は、子供たちに自分の頭で考えて自分の意見を言えることの大切さを知ってもらうこと、指導者には褒めることと目線を子供たちに合わせることの大切さを理解してもらうことであった。同時に、父兄など参加者全員がサッカーの楽しさに気付けば、サッカーを楽しめるようになり、Ｊリーグの試合会場に足を運ぶようになる。これが「普及活動」の意味するところである。
「さわやか教室」を自分が担当できたのは『サンケイスポーツ』の賀川浩氏のおかげである。当初講師は公募すべきとの意見がスポンサーのコカ・コーラ社からあったものの、賀川氏が、セルジオにやらせたいと主張して、ＪＦＡ（日本サッカー協会）とコカ・コーラ社を説得してくれた。同じ頃、サッカーをこよなく愛する平野宣行氏と友人になれたこともチャンスを拡げてくれた。教室は半年のお試し期間で始まったが、大きな反響があったことから、そのまま継続して三十年以上担当することになった。主に週末に教室を開催し、通算で一千数百回開催したと思う。毎回数百人以上の人に参加していただいた。

フットサルの「普及」にも努めてきた。元々は一九八〇年代から「サロン・フットボール」の普及に力を入れたことがきっかけであり、ラモス瑠偉（ルイ）や与那城ジョージ、マリーニョなどとともに日本選抜を選定し、ブラジルからリベリーノ等を連れて来て、日本武道館で試合を行った。このサロン・フットボールが発展して、フットサルとなった。

今ではフットサルの設備は十分整い、ビジネスとして成り立っているが、当時はミニサッカー連盟という組織はあったものの、ＪＦＡ（日本サッカー協会）は本気でフットサルを普及させる考えはなかった。フットサルの普及とともに、雪国のハンディキャップが減り、高校サッカーにおいても雪国の高校が活躍できるようになったことは、本当に良かったと思う。

しかしＪＦＡ（日本サッカー協会）において、現在も、男子Ａ代表と比べれば、女子サッカーやフットサルの位置付けは低いと言わざるを得ない。

◆アンプティサッカーへの支援

アンプティサッカーへの支援を行うきっかけは、ブラジル銀行の東京支店で働いていたエンヒッキ・松茂良（マツモラ）・ジアス選手と二〇一〇年に出会ったことだ。エンヒッキ選手は、五歳の時に事故で片足を失ったが、十八歳でブラジル代表になった。アンプティサッカーはパラリンピックの競技ではないため、なかなか拡がりづらい状況にあるが、新聞社と話をして、宣伝活動に力を入れている。ニュースで流れるようになると、やがて自分もやりたいと思う人がきっと出てくる。徐々に参加者が増えてくるとコミュニティができるようになる。自宅に籠もっている人には、ぜひ社会に出て来て欲しいと思う。

試合では、学生を中心に若い人たちにボランティアとして支援してもらっている。これはマンパワーを必要としていることに加えて、若い人たちにアンプティサッカーに興味を持ってもらい、色々なことを感じて欲しいからである。

日本の多くの人が、障碍者スポーツは、パラリンピックの種目だけだと思っているが、障碍者が活躍できるスポーツは他にも多くある。

アンプティサッカーW杯に参加するためのユニフォームをつくってもらうべくJFA（日本サッカー協会）を訪問し、断られたことがある。結局、自費で「プーマ」のユニフォームを購入し、大会に参加した。衝撃を受けたのは、ロシアでのW杯に参加していた日本以外のすべてのチームがA代表と同一のユニフォームを着ていたことである。パラリンピックのおかげで、日本国内で障碍者スポーツに関する理解は徐々に得られつつあるが、日本においてアンプティサッカーはまだまだ知られていない。最近では、武田信平理事長（元川崎フロンターレ社長）の支援もあってスポンサーを獲得できつつある。

アンプティサッカーでは、健常者であればW杯参加はできなかっただろうが、足を無くしたことでむしろW杯に出場できるようになったと前向きに考えている選手もいる。

◆日本サッカーの現状

自分が日本に来た当時、日本ではサッカーの「強化」に主眼が置かれており、「普及」には力を入れていなかった。言うまでもなく、スタジアムの観戦者数が増加しないとサッカーの発展はない。プロサッカーを発展・向上させるためには、サッカーの普及が不可欠である。幸い「さわやか教室」で出会った多くの人が、実際にサッカースタジアムに足を運ぶようになってくれた。普及事業とは田んぼでの作業と同様、地道な土壌づくりであり、その上でコーチや選手がチームの強化という収穫作業をする。

また、日本サッカーを強くするためには、プロ化は不可欠であった。韓国は日本よりひと足早くプロリーグを創設したことにより、ワールドカップに出場するようになった。日本も同様にJリーグ設立後、一九九八年フランス・ワールドカップから出場できるようになった。世界の強豪国のサッカーの歴史は長いが、日本のプロリーグの歴史は三十年である。

日本はプロに対して全体的に甘いと思う。アマチュアとは異なり、プロに対しては厳しく言う必要がある。自分（セルジオ）のサッカー評は辛口だと言われるが、自分が外国人だから、ある意味、仕方がないと納得してもらっている部分もあると思う。もし自分が日本人であれば、確かにここまで率直に発言できなかったかもしれない。ただし、ブラジルでは試合に負けて、「よく頑張った」という者はいない。

辛口のコメントはむしろ「親心」からでもある。甘いことを言った結果、選手が今のレベルに満足して努力を怠り、引退が早まっても誰も責任を取ってはくれない。日本ではワールドカップで敗退しても厳しい批判はない。これは日本の文化でもあるが、世界には

W杯敗退後は空港の裏口から逃げるように出なければならないような国もある。

他国と比べ、日本のサッカー界に「選挙」がないことも特徴的である。JFA（日本サッカー協会）の会長については二〇一五年に初めて選挙が行われたが、都道府県協会のトップや役員の人選に選挙はない。もし選挙があると日本サッカー界の体質も変わっていくと思う。但し、このことは日本文化に根ざした慣行ともいえる。

人事面でも特徴がある。サッカーには一部の例外（ヴィッセル神戸）を除いてオーナー会社がない。日本のプロチームの社長は「管理者」であり、親会社から派遣されているに過ぎず、何年間社長を務めるのかも不明である。他方で、世界的な名門チームを所有しているのは個人オーナーであり、資金規模も圧倒的に大きい。

選手のレベルは着実に向上しているが、ワールドカップのベスト8の壁を破るための課題はまだまだ多い。

◆日系社会の若者へ

住んでいる国の言葉を学ぶことが重要である。言葉を学ぶことにより、人の繋がりが増え、発展に繋がる。日本語ができると得られるステータスが変わり得る。来日前に日本語学習を開始して欲しい。来日後は永住ビザを取得するぐらいの気持ちで、焦らずじっくりとチャレンジして欲しい。デカセギという気持ちで来るのではダメである。

日本で頑張って働いた後、ブラジルにある日本企業に就職した人もいるが、それは日本で勉強や仕事を頑張った結果である。

既にスポーツ界では、日本人と外国人のハーフがたくさん活躍している。今後その他の分野でも、彼らの活躍はさらに広がる可能性があると思う。

コラム　ブラジル人の日本サッカーへの貢献

一九七〇年代から八〇年代にかけて、ネルソン吉村、ジョージ小林、セルジオ越後、与那城ジョージ等の日系ブラジル人選手が日本リーグでプレーし、日本サッカーのレベル向上に大きな貢献をした。

一九九三年にJリーグが発足し、一九九八年のフランス大会以降FIFAワールドカップに連続参加し、今や出場することが当然のようになっているが、一九七〇年代、八〇年代のサッカーファンにとっては、ワールドカップ出場は届かない「夢」であった。

Ｊリーグ創設当初、同リーグでプレーしたジーコ、サンパイオ、ドゥンガ、ビスマルクなどブラジル代表チームの選手たちが日本人選手やコーチ陣に「プロ意識」を植え付け、手本となる世界レベルの練習方法とプレーを伝授してくれた貢献も大きい。

それらに関連して、二〇一四年安倍晋三総理はブラジルを訪問した際に、ブラジリアのホテルでジーコ、セルジオ越後など日本サッカー発展に大きな貢献をしたブラジルのサッカー関係者八人を招いて「感謝の集い」を開催した。

さらにブラジルから日本に帰化し、日本代表選手として日本チームを引っ張ったラモス瑠偉、ロペス・ワグナー（一九九八年フランス大会）、サントス・アレサンドロ（二〇〇二年日本・韓国大会、二〇〇六年ドイツ大会）、田中マルクス・トゥーリオ（日系二世、二〇一〇年南アフリカ大会）も日本サッカーの発展に大きな足跡を残した選手たちである。

Ｊリーグ二〇二二年のシーズン（Ｊ１、Ｊ２、Ｊ３の合計）では、外国籍の選手で一番人数の多いのがブラジルで八十九人、次に韓国の二十一人、スペイン六人等と続く。現在も、多くのブラジル選手がチームの柱として、Ｊリーグを盛り立てていることも忘れてはいけないと思う。

大谷暢裕（おおたにちょうゆう）　真宗大谷派門首

一九五一年、京都市生まれ。ブラジル国籍。前門首大谷暢顯（ちょうけん）氏の従弟。一歳の時、南米開教使となった父と共にブラジルに移住。サンパウロ大学で物理学博士号取得。研究者として航空技術研究所に勤務。二〇一四年、門首後継者に選ばれ、二〇一五年日本帰国。二〇二〇年七月、東本願寺第二十六代門首に就任。門首交代は二十四年ぶり。薬学博士の妻は日系二世。

「『共なる世界』を示し続けたい」

◆一歳でブラジルに渡った

私は、浄土真宗の宗祖である親鸞聖人（一一七三〜一二六二年）を先祖に持ち、代々が京都・東本願寺（真宗大谷派の本山）の門首を務める家系に生まれた。一歳の時（一九五二年）に父親の渡伯に伴って、家族と共にブラジルのアサイにある照真寺というお寺に移り住んだ。

アサイは戦前に日系移民が開いたとされる町で、住民の大半が日系人だが、当地に浄土真宗の照真寺というお寺を建立したご門徒の方々が、「宗祖の血筋を引く方をブラジルにお迎えしたい」と熱心に要望され、真宗大谷派（東本願寺）第二十四代門首の弟であった父がこれに応えた。

◆鉄腕アトムに熱中した少年時代

アサイでは、いわゆる日曜学校がとても盛んで、当時は百人を超える子供たちが参加していたと思う。みんなでお経のお勤めをしたり、境内で遊んだりしていた。家の中での会話は日本語、お寺に訪ねて来る人も日本語を話す日系人ばかりだったので、まず日本語を覚えた。ポルトガル語は全く分からなかったが、小学校に上がる時に、日本学校ではなく地域の小学校に通うことになり、ポルトガル語も少しずつ覚えることができた。この頃には、父もブラジルの地に骨を埋める覚悟を持っていたのではないかと思う。

その後、中学卒業後にサンパウロにあるブラジル別院南米本願寺に引っ越しすることになった。幼少期から海外開教使（海外布教のために教団が派遣した僧侶）や日系移民の皆さんに囲まれて育ち、お寺での法要や宗教行事にも頻繁に参加していたので、今でも堂内での厳かな雰囲気やご門徒の参拝される息遣い、高らかに念仏される声が思い起こされる。

高校生の頃、毎朝バスで登校する途中、いつも目に留まる一人の女性がいたが、ある日その彼女がお寺にやって来た。彼女は、友人の誘いでたまたまお寺に来るご縁を得て、別院のコーラス部に所属することになり、私と一緒に活動をすることになった。これが後に妻となるサチカとの出会いだった。

ブラジルに移民された皆さんは、とても明るい方々が多かったのだが、一日一日を生きることが厳しい状況の中で、時には深く悩み、苦しむ日々を過ごされていた方も少なくなかったように思う。お寺の本堂は、そんな日系移民のご門徒の方々にとって、そして私自身にとっても大切なコミュニティであり、仏教・お念仏の教えを聞き、様々な出遇いをつなぐ場として開かれていたように思う。

子供の頃は、『鉄腕アトム』や『鉄人28号』の漫画に夢中になった。「その夢は物理を勉強すれば実現できる」。高校時代の親友と物理の教師をしていたその友人の姉に背中を押され、サンパウロ大学に進学して物理学を専攻したが、この頃の生活環境は非常に厳しい状態だった。実は一九七〇年の大阪万博の時、多くの日系人とともに私の家族も日本を訪れたが、そのまま家族は数年間日本に残って暮らすことになった。

単身ブラジルに残っていた当時十八歳（高校三年生）の私は、お金も生活も大変になり、知人の家や別院に住み込みをさせてもらって、夜学に通いながら、昼間は様々な仕事をして生活費を稼がざるを得なくなった。大学生になった時には、そのような私の状況を見かねた一人のご門徒が車を購入してくださり、夜学で学びつつ、昼間はそれでタクシーの運転手をやって生計を立てていたこともある。また、その時たまたまお客として乗車した方のご縁で日本の商社に勤務することになり、長くお世話になった。

妻と結婚したのはこの頃である。妻は既に職を得ており、私は働きながら大学に通う苦学生だった。この頃から生活を共にしてくれた妻には本当に感謝している。

◆大学院・博士号・得度

大学を卒業する時、日系人でお寺のご門徒の家系でもあった指導教官の方が「もう少し勉強してはどうだ。奨学金もある」と勧めてくれ、思い切って商社を辞めて奨学金で大学院へ進学した。さらに修士課程が終わる頃に出会った日系人の方の紹介で「航空技術研究所」に勤務することになった。航空技術研究所では主任研究員を務め、一九八五年には物理学の博士号も取得できた。また、同研究所は国立の工科大学も擁していたため、研究員として教鞭も執るようになった。

物理学の分野にも様々あるが、私が専門としていたのは、人々が生きていく上で現実生活に近い問題を取り上げて研究対象とする「応用物理学」という分野である。例えば、プラズマを用いて、高熱で廃棄物を分解して新しい原料に変えていく研究や、医療との共同研究として、ガラスカーボンで人工の心臓弁を開発するなど、様々な研究をした。妻も化学の博士号を取り、同じ研究所で働いていたが、科学者としての日々は慌ただしく、またプラズマ研究はお金もかかるため、大変な苦労をした。

四十歳の頃、相次いで人生の節目が訪れた。一つは、得度（とくど）（僧籍を取得する儀式）をして僧籍を得たことである。真宗大谷派（東本願寺）第二十三代門首（祖父の大谷光演）の五十回忌法要が日本の本山で勤められることになり、父も僧侶として出席することになったが、高齢であったことと喉を痛め声が出ないということがあり、私も付き添うこととなった。一歳で日本を離れてから、初めての帰国であった。その際、「本山に行くのだから得度を受けてくれ」と父から頼まれたのがご縁だった。

また、ブラジル国籍を取得したのもこの頃だった。暮らしの上で帰化の必要はなく、職場にもアメリカ、インド、ドイツなど様々な国から研究者が来ていたが、彼らと語らう中で、「母国に戻ることもないだろう。皆でブラジル人になろう」という話となり、みんなでブラジル国籍を取得することにした。

◆日本へ、そして門首に

お寺とはつかず離れずの関係が続いており、子供たちもお寺の研修会に参加させたりしていた。そんな中で、定年が近づき、今後のことを考えた時、思い浮かんだのは亡き父の面影だった。仕事を辞めたあとは、ブラジルでお寺の活動に何らかの形で携わっていきたいという思いは持っていたが、分野の異なる仕事に携わっていたので、すぐに僧侶としての道に進むことは考えていなかった。

そんな折、日本の本山から、法要の際に門首を補佐する「鍵役（かぎやく）」というお仕事と、海外開教区の代表者として宗教活動の展開を司る「開教司教」という二つのお役目を引き受けてくれないかとの声がかかった。不安はあったが、父も鍵役の一人であったこともあり、光栄なお話だと引き受けた。これは定年退職の一年前となる二〇一一年のことであった。

そして、二〇一四年に、改めて「門首後継者」のお話があった。当時の真宗大谷派（東本願寺）第二十五代門首に直系の後継者がおられないということで、従弟（いとこ）であり最近親の私にお声がかかった。その時の気持ちは、思いがけないお話であり、またゆくゆくは「門首」という大変重大な責務を担う役職であるので、「これは大変なことだ」というのが率直な気持ちであった。

これまでは、おおかた六十年、科学の道を進んできた私であり、どうするべきか大変悩んだが、教団の皆さんが「大谷派を挙げて全力でお支えする」と言ってくださったことも大きな後押しになった。多くの方々に背中を押していただき、「これは私の一生の中で一番大切なことかもしれない」と覚悟して、妻や家族とも相談し、「門首後継者」のお役を引き受けることを決心した。

その後、日本に居を移し、およそ六年間の研鑽を積んだ後に、二〇二〇年七月一日、真宗大谷派（東本願寺）第二十六代門首に就任させていただいた。

振り返ると、本当に紆余曲折の多い人生だが、そのターニングポイントにはいつも私を助け、導いてくれる大切な人との出会いがあった。そして、そのほとんどが日系人コミュニティのご縁につながる人たちでもあった。父やご門徒をはじめ、多くの人とのご縁に支えられながら、今の私があるのだと思う。

日本に移り住んだ時、驚いたことが幾つもあるが、まず時間にとても正確なことと、すぐに「すみません」と謝ることに驚いた。ブラジルでは考えられないが、新幹線が二分遅れたと言ってお詫びする。真面目できっちりしているところは日本人のいいところだと思う。新型コロナウイルス感染症においても、マスクの着用が大切と言われるとほとんどの人が着用している。ただ、もう少しおおらかに生きてもいいんじゃないかとも思う。

それから、春夏秋冬という四季があり、どの季節も美しく、また旬の美味しい食材も魅力だ。日本で春に新芽が吹くのを見て、しみじみきれいだと感じた。

今のお仕事に就いて苦労したことは、ブラジルでは正座の習慣がなかったので、慣れるのに大変だった。また、門首の役目として筆を持つことが必要であり、書道の修習を続けている。これまで筆も持ったことがなかったが、おかげさまでいい先生にお会いできて、何とか間に合うような字が書けるようになったかなと思っている。

◆苦悩を背負い生きる私たちが救われる道

長年、科学に携わってきた者の経験として、科学との出会いはいずれ宗教へのアプローチになる、ということを実感している。科学は、私たちに豊かな発展をもたらすものである。ただ、科学技術がどれだけ発達しても、人間の「いのち」は有限であり、人は「生老病死」という根源的な苦しみを背負って生きていかなければならない。この事実を前に、科学技術だけに頼るあり方では限界があり、人間に生まれ、生きる意味を問い続けてきた仏教の智慧に聞いていかなければならないと感じている。

科学技術を使う側の、人間という存在を支えるものは、真実の宗教心でなければならないと確信している。これは、科学者の経験があったからこそ、身に染みて気付いた点かもしれない。

ブラジルと日本は言語や文化など、違う面は多くある。しかしながら、お釈迦さまが仏の教えを伝えた二千五百年前にこの世を生きた人々も、日々進歩し続ける科学技術のもとで毎日を送る私たち現代人も、「生老病死」するいのちの事実に何ら変わりはない。宗教に求められるものは、避けることのできない苦悩を背負い生きる私たちが「共に救われていく道」であり、その根本において日本人もブラジル人も変わらないと思っている。

東本願寺では、二〇二三年、宗祖である親鸞聖人がご誕生されてから八百五十年、立教開宗（お念仏の教えをあきらかにされて）から八百年という節目の大法要をお勤めした。この想像し難い長い年月をかけて大切に守られてきた歴史と伝統、そして教えに生きた多くの先達の願いをこの身に受けて、これから五十年先、百年先の未来につないでいくことが、私に託された大事な使命であると覚悟している。

一見とても豊かに見える現代社会の陰で、争いや紛争は絶えることなく、貧困や差別、あるいは経済格差のただ中で、多くの人が言い知れない不安や孤独を抱えて生きているのが紛れもない現実ではないだろうか。そのような社会に対して、仏教の説く「共なる世界」を示し続けていきたいと考える。

◆日本語が分からない方がいる

日本で暮らす外国人には、乗り越えなければならない様々な壁があり、その上でやっと仕事に就こうにも、今度はその仕事内容も限定されていたりするなど、いろいろと辛い思いを抱えている方は多くいると思う。

特に言語の問題は、日本という国で生活をしていく上で、非常に大きな壁になっていると感じる。例えば、お店での会員証やクレジットカードの作成、携帯電話の契約、病院での受付・問診票など、日本ではまだまだあらゆる場面で書類への記入が求められるが、日本語が十分理解できていなければ、何をどのように書き込めばいいのか分からない。

外国人を受け入れる側として、役所や学校、病院など日本での生活に密接に関わる窓口には、多言語に精通した人を置いてもらいたいということが一番の願いであるが、私が身を置く東本願寺においても、恥ずかしながらある程度の英語を話せる人はいても、ポルトガル語やスペイン語、フランス語となると、受け入れる側としても最初から諦めている感が否めない。

そのように、多言語に精通した人をそれぞれの窓口に置くことが難しい現実があるならば、せめて、記入書類や生活の上で必要となる表記には、日本語だけでなく英語表記を併記していただきたいと思う。

言葉が分かること、言葉が伝わることが、どれだけの安心感につながるか。日本では「おもてなし」という言葉もあるが、外国人からしてみると、言葉の壁が障害となってしまい、肝心のその心が伝わりにくいのが現状であると実感している。

諸外国では共通語として最低でも英語でのコミュニケーションが取れるのは当たり前になりつつあるが、残念ながら日本では「日本に来る以上は日本語を覚えるべき」という感覚が強く、またいろいろな制度も外国人との共生がそもそも想定されていないものが多いのではないかと感じている。

まずは、「日本に来る外国人の中にも日本語が分からない方がいる」という現実を認め、そこに立たなければ、外国人との共生を目指す社会構築に向けた様々な方途を実行に移していくことはできないのではなかろうか。

この国際社会の中で、このような日本の現状は、外国人労働者や留学生の受け入れ以前の問題であり、とりわけ生活に大きく関わるような言語の壁の問題は喫緊の課題であると感じる。

そして最後に、日本人の細やかで優しい心を伝えるためにも、是非日本人自身が語学を学ぶための意欲の醸成や環境の整備が図られていくことも、同時に強く願っている。

◆日本に住む「日系ブラジル人」へ

日本国内においても何らかのグループやコミュニティに身を置いていると思うが、かつてブラジルに移民した日本人もそうであったように、お互いに理解し合える母国語によるコミュニケーションを中心に生活している人が多いと思う。私自身、ブラジルでは最初は日本語しか周りにない日系人コミュニティの中で育ったが、やがてポルトガル語を学び、様々な人に出会い、多くの人に支えられながら生きてきた。

それぞれのコミュニティの中での助け合い、支え合いを大事にして欲しいと思う。そしてその大切にすべきコミュニティは、日本国内における在日ブラジル人の仲間や母国にあったコミュニティに留まらず、今住んでいる地域や職場にも生まれるものである。そのスタートラインは、やはり人との出会い以外にないのだと思う。

これは日本人に対しても言えることだが、偶々ご縁があって同じ日本という国に住む者どうしなのだ。ブラジル人・日本人という枠を越えて、まず個人として互いを敬い、尊重し合い、ひとりの人間として出会うことが何よりも大切なのだと思う。心が通じれば、知りたいと思う気持ちが生まれる。その気持ちがあれば、コミュニティはどんどん広がっていく。

せっかく日本に来ているのだから、どんどんコミュニティの輪を広げ、日本の文化や社会に溶け込んで欲しいと思うし、特にコミュニティの中でリーダー的な立場を担う人には、メンバーが少しでも多く日本文化に触れることができるように積極的に誘導してもらうようお願いしたい。

そして何より、日系ブラジル人であることに自信を持ってもらいたい。私たちには、勤勉で真面目な日本人という面と、何事にも大らかで、どんな状況にも合わせていける柔軟なブラジル人という二つのアイデンティティを併せ持っている。

日本で生活する中で、むやみに自分を卑下したり、弱気になって遠慮するような必要はない。日本に住む日系ブラジル人として、自分のアイデンティティに自負心を持って、顔をしっかりと上げて生きてもらいたいと思う。そうやって、かけがえのない一日一日を希望を持って過ごしていけば、あなたの前に道がきっと開かれてくるはずである。

◆来日を考えている「ブラジル日系人」へ

ブラジル日系人として生まれ、いろいろなご縁に促されて、ルーツである日本で勉強や仕事をしたいという意欲が生まれたことは、素晴らしいことだと思う。日本には、美しい景色や美味しい食べ物、特有の文化がたくさんある。それらを自分のルーツにつながるものとして、非日系人とはまた違った感じ方もできるかもしれない。

自らの両親や祖父母、曾祖父母が生まれ育った日本という大地を知り、文化に触れ、人に出会う。そのように、自らに至る先祖を通して、自分がどこから来たのかという根源を知ろうとする歩みは、かけがえのないことだと思う。そのことで、今の自分自身を改めて知らされると同時に、その歩みはきっと、自らの存在を尊いものとして感じさせてくれることになるはずである。

「日本で勉強や仕事をしたい」という意欲だけで立ち止まることなく、一歩足を踏み出して、是非日本に来てもらいたい。実際に日本に来て、異なる文化の中で多くの日本人と出会うことを通して、自らが最初に考えていた来日の動機以上のものをきっと得られると思う。

大谷裕（おおたにゆう）　新門（次期門首）

一九八四年、サンパウロ生まれ。父は大谷暢裕門首。ブラジル国籍。サンパウロ大学から東京大学大学院で数理科学博士課程修了。現在大谷大学大学院で「真宗学」を学ぶ。

「個々の可能性を活かし合う共同体を」

◆日本に来たいと考えている日系人の若者へ

私がブラジルで接していた同年代の日系人は、すでに三世以降の人がほとんどだった。その中には、日系社会の独自な文化ももちろん残っているが、必ずしも日本と同じものではなく、また日本語ももはや必要ない状況でもあった。

場合によっては、日本に関心のある非日系人の方が、日本文化に詳しいこともあるぐらいである。実は私も、多くの非日系人の先生から日本語を教わった。そのような中で、私自身も様々なご縁に促されながら、日本の大学院に留学する機会を得た。

今、同じような状況の中で、「日本に行って勉強や仕事をしたい」という志を立てた人は、非常に大きな選択の中で決断をされたと思う。

たしかに、学術研究や職業技能だけでも、日本でしか得られないものはたくさんある。けれども、特定の分野や専門的なジョブの取得など、当初の目的だけに留まることなく、視野を広げてチャレンジする心を大切にして欲しいと思う。

日本には、文化や芸術、趣味に至るまで、様々な可能性が広がっているので、私自身、是非ともたくさんのことを吸収し、自分自身の糧にしていきたいと考えている。

◆受け入れ側の日本にお願いしたい

受け入れ側となる日本には、「日本へ行こう」という決断をした人の様々な思いや意欲を尊重していただき、広い意味での育み、支援環境の構築を是非ともお願いしたいと思う。そうなれば、日本に来られた人はもちろん、長い目で見て日本にとっても、互いに良い循環が生まれることが期待できるはずである。

もっと根本的に言えば、個々の可能性を最大限に活かし合う共同体こそが、誰もが求める社会の在り方ではないかと思う。

そのためには、日本に行く側が抱く「留学生として」「就職先として」といった意識や、受け入れ側が持っている「外国人労働者」といった固定的な認識や概念の壁をお互いに超えようとする努力が大切だと考える。

どんな場所であれ、どんな国であれ、そこにはまず人間がいて、文化が営まれている。「雇用者と従業員」といった固定的な関係性以前に、まず「人と人」との出会いがあると思う。そのことをお互いが理解し合うことで、人としての自然な思いやりや気遣いが生まれ、互いを知りたいという気持ちが生まれ、本当の交流につながっていくのだと思う。

差異を超え、豊かな人間関係の輪がここから広がっていけば、これほど素晴らしいことはないと考える。

関口（せきぐち）ひとみ　元外交官

一九五七年、熊本県生まれ。一九六一年、両親と共にブラジル移住。サンパウロ育ち。一九八〇年、サンパウロ総合大学卒。ブラジルで民間企業、日本国総領事館勤務を経て、一九九〇年、日本国外務省入省。二〇二一年、在マナオス日本総領事として定年退職。日本国籍。

「日本語とポルトガル語を駆使して関係強化に取り組む」

最初に私は、「日本で活躍するブラジル日系人」ではなく、日本国籍のみを有する「日本人」であることをお断りしたい。むしろ逆に私は日本に生まれ、両親に連れられてブラジルへ移住した。サンパウロ市内で育ち、大学卒業後在ブラジルの日系企業等勤務を経て日本国外務省に入省し、東京勤務以外は、全てブラジルの六つの公館で仕事をした。そのため、「日本で活躍する」というタイトルには該当しないと考え、一度は取材をお断りしたのだが、現在日本に在住する多くの日系ブラジル人にとって私の経験が幾らかでもヒントになるのであればと思い改め、お受けすることにした。読者の方には、このような経緯をお含みいただけると幸いである。

◆家での会話は日本語だった

私は、三歳の時に両親に連れられてブラジルに渡航した。当時のことはほとんど何も覚えていないが、サンパウロに移住していた父方の遠い親戚の呼び寄せで移住を決断し、一九六一年、両親と弟との一家四人で、神戸港から四十数日かけてサンパウロのサントス港に到着した、と母親から聞かされていた。

父親は自衛官（通信技師）だったので農業の経験は皆無であり、農業移民としてではなく、親戚が探したサンパウロ市内の企業にすぐにでも勤務できる「はず」の移住だった。しかし、いざ渡伯してみると、その就職話はなく、途方に暮れた両親は、必死に仕事を探し回った。当時、ブラジルでは最新のトランジスタラジオが流行り出した頃で、電子工学が専門の父は進出していた日本企業に採用された。よって、私はサラリーマンの父とその後幼稚園の先生となる母と弟とでサンパウロ市の南部地区で暮らし始めた。ブラジルではさらに妹と次弟が生まれ家族六人となる。

家での会話は日本語のみで、ポルトガル語は使うことを許されなかった。当然、小学校に入学するまでポルトガル語を話すことができなかったが、その内に近所の子供たちと遊ぶことで語彙も増え、次第に会話ができるようになり、兄弟間の会話もポルトガル語が増え、それが見つかるたびに両親に叱られた。

それでも、小学三年にもなると、親の通訳もできるようになっていた。日本語学校へも通った。当時、市内各地で「継承日本語」を学ぶための日本語学校が設置され、私もその一つに通った。全ての生徒は日系人で、一年を通して開催される、運動会、学芸会、コーラス、お話発表会、スピーチコンテストなど、様々な行事に、生徒たちは積極的に参加し、競い合った。私自身も毎年行われるスピーチコンテストで、入賞メダルをもらうのが楽しみになっていた。また、当時は週一回、日系人が司会をし、日本文化を紹介するテレビ番組が放映されていて、そこでもお話大会があり、優勝してスポンサー企業から豪華商品をもらった記憶もある。

幼い頃は日本語を学ぶことが楽しくて、学校にあった小学館の『少年少女世界文学全集』全五十冊を読み漁った。その頃から日本語への興味が湧き始めたのだと思う。

◆両国の文化と言葉に触れることで世界が広まるのだよ

小学校に入学した頃、日本語しか分からない私は、大いに先生を困らせた。入学式当日、教頭先生が新入生を前にして一人ずつ名前を呼び、私の番が回ってきて、「イトミ」と呼んだ。ポルトガル語では「ＨＩＴＯＭＩ」の「Ｈ」を発音しないので、当然なのだが、返事がないものだから何度も呼んでいて、私は自分の名前を呼ばれていることに気付かず、私の方を向いて怒りをあらわにしている教頭先生を見て、「私が叱られているみたいだけど、なぜだろう」という感じだった。後に分かったことだが、教頭先生は、何度呼んでも返事をしない私を「生意気な」児童だと怒っていたようだ。そうして小学校生活が始まった。

それからは、授業で先生の話も理解できず、質問にも答えられず、宿題が出たことさえ分からないので宿題を提出しない日が続いた。困り果てた先生は、非日系の同級生に、私の勉強を教えるよう命じたのだが、その同級生は当然ながら日本語は全く分からないので、私と会話さえできない状況だった。それでも放課後は同級生の家で勉強をするのだが、チンプンカンプンなので、新たにその子のお姉さんが教えてくれることになった。

今でも、どのようにして勉強を教えてもらっていたのか思い出せないが、二年生に進級する頃には先生の言うことは無論、授業の内容もほとんど問題なく理解でき、成績は常に一、二番だった記憶がある。当時の最終学年である四年生の卒業式では成績優秀者として選ばれ、卒業生を代表して校長先生に花束を贈呈する役を務めた。「ＨＩＴＯＭＩは、入学時はポルトガル語は全く分からなかったのに、こんなに上達した。それは日本語をしっかりと勉強しているからだ。両方の言葉を理解することは両方の国を理解できる、みんなも見習うように」と担任の先生が褒めてくれたことに今でも感謝している。そして、国どうしの相互理解に言葉は大切だと、外務省入省後に再び思い出すこととなった。

学年が進むにつれ、日本語を話すことに抵抗を覚える時期もあった。なぜ我が家ではポルトガル語を話してはいけないのだろうか。両親はなぜ他の子の家庭のようにポルトガル語を話してくれないのだろうか、と。そのことを母に問うたところ、次のような言葉が返ってきた。「ブラジルで育ち、ブラジルの学校に通うのだから、ポルトガル語を学ぶのは当たり前、しかし、折角日本人として生まれ、日本語を話す機会があるのだから、日本語も学びなさい。両方の国の文化と言葉に触れることで世界が広まるのだよ」。幼い私にはその意味がよく分からず、友達の前で日本語で話すことを恥ずかしいとさえ思ったこともあった。

◆語学や言葉への格闘と関心と探求

先述したように、私は「言葉」への関心が高く、日本語にしてもポルトガル語にしても言葉は大変面白いと感じていた。中学校では、当時の義務教育だった外国語のフランス語にも魅了され、授業が楽しくて仕方なかった。中学の高学年になると、英語教育も義務化され、多言語を教わることが何よりも楽しみとなった。日本語については、父が短歌を詠み、小説を綴る趣味があったため、そんな父に日本語の意味や読み方をよく聞いていたが、ある日、辞書を渡されて、分からないことはまず辞書で調べるように、と言い放ち、以後教えてくれることはほとんどなかった。

今思えば、父は説明するのが面倒になり、辞書を買い与え自分で調べさせる「策略」だったのかもしれない。そんなこととは露知らず、私は日本からの高価な辞書をもらったうれしさで、毎日辞書を引いては好奇心を満たした。単語を調べるはずが同じ頁の他の単語が目に留まり、さらに他の単語へと次々にその意味を読み始め、なかなか目的の単語にたどり着けないことも度々あった。

次は、覚えた日本語を試してみたくなり、文通を始めた。当時は、船便で届く雑誌の中に、文通相手を求める人たちが自分の住所を載せた「文通欄」があり、そこで見つけた同世代の女の子と約三年間文通し、色々なことを教わった。その体験から日本を知りたいという夢が願望へと変わっていった。

◆熊本大学に留学する

ある日、日本語学校時代の先輩が日本へ留学したことを知り、先輩を手本にすれば必ず留学への道が開けると考え、留学を目標として掲げたが、国費留学の場合、ブラジル国籍者であることが条件であり、私の場合は、ブラジルに帰化しなくてはならなかった。帰化するには日本国籍を離脱しなくてはならず、日本国籍を失うことに抵抗があったため国費留学は断念した。

日本国籍者でも留学できる道を探したところ、県費留学制度を知り、両親の出身地である熊本県の試験を受け、運よく合格した。一九七九（昭和五十四）年、遂に日本留学を果たすことができた。サンパウロ総合大学を休学し、熊本大学に留学、国文学を学んだ。帰国後は復学して大学を卒業。さらに教育学部で日本語とポルトガル語の教員資格を取得した。

一年の短い留学期間だったが、幼い頃過ごした日本の記憶がほとんどない私には全てが新鮮だった。日系人の友人と交換して読んでいた少女漫画に描かれている風景が次々と目に映り、ワクワクの連続で、発見の一つ一つを伝えたく、毎週、父に手紙を書いた。初めて経験する日本の四季、食文化、習慣、風習、規則等々、書く内容が多くて、毎回便箋を多量に要することになった。

◆日本とブラジルの関係強化に取り組んだ

大学卒業の年、教授から大学に残って教職の道を勧められた。当時、公立大学の教員になるには、ブラジル国籍者であることが条件にあり、そこでも国籍の壁にぶつかってしまった。日本国籍を捨てたくないことに加え、自分は教員に向いていないと感じていたので、日本とブラジルの関係強化につながる仕事を探した。その頃、日本語・ポルトガル語の通訳者として活躍されていた二宮正人弁護士の存在が私に大きな影響を与えた。自由自在に二カ国語を操ることができる人がいることに衝撃を受け、いつかは自分もそうなりたいと憧れた。

日本語を使う仕事に就きたくて、日系企業への就職を希望した。それが日本とつながる近道だと思っていた。その時、在サンパウロ総領事館が職員を募集していたので、これに応募し、採用された。総領事秘書として約八年間勤務したが、これ以上キャリアを積んで上を目指すことに限界を感じ、総領事館を辞めようかと迷っていた時に、外務省本官任用を勧められ、受験した。こうして外務省に採用され、本省と在外公館を往復しながら、三十三年間日本の国家公務員として働かせていただいた。

外国育ちで日本の習慣やルールもよく分からないまま飛び込んだ役人の世界に当然戸惑いや不安も多かった。果たして国益に適う仕事ができるのか、期待される成果が残せるのかなど、随分悩んだ。しかし、人との出会いと、巡り合わせは本当に不思議なもので、要所要所で上司、先輩、同僚に沢山助けられた。育ててもらった。退職した今、どれだけの結果が出せたかは自分では評価が難しいが、ブラジルに移住したからできたこと、両国の文化に触れ、日本人とブラジル人の特徴を知り、双方の良い点・悪い点を補完的に捉え、日本とブラジルの関係強化に寄与するという目標は常に持ち続け、精一杯取り組んだ自負はある。

日本に在住する日系ブラジル人の中には、言葉の壁によって様々な苦労をしている人が少なくないと思う。母国語と日本語のどちらを優先すべきか、どちらが重要かなど、悩んだりすることもあろう。しかし、二つの文化、二つの国を経験する機会は誰にでも得られるものではないので、特別なことだとポジティブ思考で進めば、きっと道は開けると自分自身の経験から断言できる。

外務省に勤務して良かったなと思うことは、普通ではできない貴重な経験ができたこと、皇族の方々を含め、色々な要人にお会いできたこと、何よりももっと日本が好きになったこと、そして、ブラジルに移住して良かったと思えることである。私は、外務省勤務を通じて日本とブラジルのあらゆる側面に触れ、様々な瞬間に立ち会う機会に恵まれ、日本とブラジルの交流促進に貢献したい、という目標に向かって色々な形で取り組むことができた。数え切れないほどの素晴らしい出会いがあり、数々の貴重な教えと、人の優しさと強さに感銘を受けた。

外務省の重要な仕事の一つに邦人保護がある。私はこの業務を担当させていただき、「平穏」であることの大切さと難しさを経験し、また、日本人が世界各地で活動していること、その日本人の生命と財産を保護することの難しさ、いざ有事となれば初動措置の重要性を知った。また、そのことが自分自身を成長させてくれたことに今では感謝するのみである。

外務省が私の天職だったか否かは分からない。辛い時や理不尽な思いも経験したし、やはり外国育ちの弊害は大きいと打ちのめされたこともあった。しかし、私を信じてくださった諸先輩を思い出し、私だからできることをやればよい、と考え直すことにした。

ポルトガル語を武器に、色々な情報収集、交渉に取り組んだ。また、日本のプレゼンス向上のため、各地で日本紹介を行った。草の根レベルの活動ではあったが、当時は画期的なアザラシ型の介護ロボット「パロ」を携えて各地へ出かけて行った。するとどこでも、子供から大人まで興味深そうに集まって来て、「パロ」への質問と、「パロ」をダッコしたい人たちであふれた。その機に乗じて、日本についての、最先端技術「パロ」についての役割と期待を紹介する。このロボットを活用し、日本文化から先端技術まで紹介した者は外務省の中でも数少ないと自負している。日本を知らない、もしくは間違った情報を持ってしまっているブラジルの人たちに、少しだけ今の日本を知ってもらうことができたのではないかと思う。

◆日系人の日本とブラジル両国での貢献

世界最大の日系人数を誇り、百十五年の移住の歴史があるブラジルは、世界有数の親日国である。日本食や日本酒の愛好家は増加し、アニメやゲーム等のポップカルチャーは益々人気を博し、非日系の多くが日本文化を愛し、日本大好きブラジル人が多い現状はあるものの、経済面では期待するほどではないのが残念である。

地理的に遠い国であるため、ロジスティック面での厳しい条件があるが、貿易の活性化を期待したい。ブラジルの発展は日本人移住の貢献によるもの、ブラジル文化の形成に日系人は不可欠であったこと、日本のブラジルに対する技術協力、経済支援、このことはブラジル社会のどこでも高く評価されている。

また、日本には二十万人以上の在日ブラジル人が居住し、労働力として、あるいは起業家としても日本の発展に貢献している。ソフト面での交流は多く、両国の絆は確固たるものとなっているが、さらにステップアップし、共通の価値観と目標を目指し、世界の手本となる関係へと発展することを願う。

ブラジルには約二百万人の日系人がいると推定されている。移住者の祖父母、両親を持つ日系人は、日本人としての価値観を共有し、日系人であることを誇りに、ブラジル人としてブラジルの発展のため、あらゆる分野で活躍中だが、日本との関係強化に不可欠な役割を果たし、多大な貢献をしている。

一世・二世の間では、日本が経済・先端技術大国で、先進国の重要な一員であることを背景に、その子孫であることに誇りを持ち、その日本人の「心」を後世に引き継ぐことが当たり前であると考えられてきた。

三世・四世になると、「高い評価の日本」を背景とし、政治、ビジネス、学術、メディア、スポーツなどの多分野で、日本のＤＮＡを持つブラジル国民として、活躍の場を拡大している。彼らの飛躍こそが日本の対ブラジル外交のアドバンテージとなっている。我が国を取り巻く情勢を勘案すると、日系人を活用した外交は益々貴重となるだろう。

ブラジル全国に散在する約五百の大小日系団体は、日本文化と日本食の普及、外国語としての日本語学習の機会を提供し、日本に対する理解を深めるための大きなツールとなっている。また、ブラジルでは福祉活動が重視され、様々な支援活動も行われているが、そこでも日系社会はプレゼンスを高めている。日本人が移住した当初は、ブラジル人の食卓には現在食されているような野菜はなく、移住者が野菜の調理法や美味しい食べ方を教えたことから、例えば、ゴボウのように、日本語の名称で知られる野菜もあり、和食ブームが広がっていった。

また、医師、軍幹部、弁護士等として多くの日系人が活躍し、ブラジル社会からの厚い信頼を得ている。日本の伝統を重んじ、日本祭りの開催は各地の風物詩としても楽しみにされている。このような日系社会の存在は日本にとっても重要な存在であり、ブラジルとの関係強化に大きく寄与している。

◆日系四世問題でも基本的な日本語日常会話習得は外せない

一九九〇年代の出入国管理法の改正に伴い、ブラジルをはじめとする中南米諸国の日系人が、本邦就労のため来日してから三十年以上が経過し、幼い頃渡日した日系人は既に三十歳を超えている。いわゆる「デカセギ」が始まった頃、多くの日系ブラジル人は日本語を理解せず、日本の習慣に関する知識が希薄であったため、日本社会からの差別もあり苦労した。隣近所との共存にもトラブルが相次ぎ、社会現象にもなった。

これらを教訓に、受け入れる日本側と派遣するブラジル側が色々な経験を通して、状況改善に取り組んできた。現在は日系四世への査証に関する条件緩和が求められている。日本としては労働力不足を解消する措置として外国人の受け入れを積極的に行う考えがある一方で、労働者の受け入れは慎重に行うべきとの考えもある。

日系人は日本人が先祖であり、たとえ国籍は異なっても、他の外国人と同じ条件で扱われるべきではない。他方で、この前提はあるものの、日系四世は、移住者や二世と異なり、一般的に日本に対する知識は少なく、場合によっては半分は日本とは関係ない祖先を持つ。三十年前の問題が繰り返されないためにも、日本へ来る目的をしっかりと自覚し、日本人と共存する気持ちを持つ必要がある。

それには、一定レベルの日本語力が必須とされる。また、時には賛同できない日本のルールや法律があっても、日本で生活をする上で必要だと受け入れ、摩擦を起こさないよう努力する必要がある。

日本国内では各自治体が積極的に受け入れ態勢を整え始めているし、国の支援も始まっている。規律を守らない一部の日系人のために、真面目な日系人が誤解されないよう、日本語の日常会話はもちろん、日本の法律や習慣を少しでも学んで来て欲しいのが正直な気持ちである。場合によっては、受け入れ企業に義務付けて欲しい。非日系の配偶者には大変だと思われるが、少しでも日本で楽しく暮らすには必要なことであると考える。

先にも述べたが、日系団体の活動は、強力な日本文化紹介の担い手であり、大きな発信力を有するため、これら団体の活動を支援することが重要である。その日系団体の活動には若手の参画が重要不可欠である。そのためには若手リーダーの育成は極めて重要と考える。

さらにはネットワークの形成支援も必須であろう。全国で活動する地方団体とのネットワークを強化し、中南米やハワイ等、ブラジル以外の国や地域の日系人とのネットワーク構築が強化されればさらなる活動の輪が広がり、日本文化の普及効果にもつながると考える。

◆自分の殻から抜け出さないと道は見つからない

私は、父が農業従事者ではなかったので、大半の移住者が経験した農村での苦労はしていない。しかし、言葉は分からない、知り合いも少ない外国人が都会で生活をするにはそれなりに大きな苦労も伴った。父親が当初勤務していた企業は数年後に撤退し、職を失った父は起業することを決意したが、言葉も法律も分からない者がビジネスをするので結果は目に見えている。ブラジル人に騙され、多額の借金だけが残り、差し押さえにきた執行官の前に立ちふさがったこともあった。

私が十四歳の頃だった。家賃も払えない状況に追い込まれ、私は働きに出た。当時は未成年でも働けたので、午前八時から昼の十二時まで仕事をし、午後から学校に通った。帰宅は夜の十時を過ぎ、それから宿題をして、翌朝六時にまた家を出る。私の給料は家賃にしかならず、でも泣き言は言えないし、頼れる人もいなかった。

資産家で苦労知らずに育った人もいるが、異国への移住者の大半は苦労が伴っている。しかし、その苦労が後に大きな力になることを伝えたい。ブラジル社会は外国人に対して大変寛大であるが、私や弟たちはイジメにも遭った。それほど陰湿なものではなかったが、日本人であることがそんなに悪いことかと悔しく思ったこともあった。しかし、良いこともたくさんあった。また、日本を知りたいという強い思いが自分を支えてくれた。

日本に住むブラジル人の中にはブラジルを知らない、ブラジル人でありながら、ポルトガル語を話さない者もいるだろう。アイデンティティに悩む若い人もいると思う。それはブラジルへの移住者子弟も同じだったと考える。悲観的になったり、自分の境遇を嘆いても前へは進めないので、日本とブラジルの両方を理解できる大きなチャンスとして、できるだけ、日本語とポルトガル語両方を大切にして欲しいと願う。

どのような仕事をするのか、何に価値観を見出すのかは人それぞれであるが、二つの国を知る機会は大きな財産であることを感じて欲しい。そして、それをエネルギーに変え、誇りに思って欲しい。日本にも、ブラジルにも、相談できる場所や団体があるのでこれらを頼って欲しい。自分の殻から抜け出さないと道は見つからない。時間はかかってもいいから進むことだ。好きなことを見つけて欲しい。私が、夢と、周りの人たちに助けられたように、誰にでもそんなチャンスがあるはずだと信じている。

斎藤俊男（さいとうとしお）

学校運営、農業経営

一九六七年、パラナ州生まれ。日系二世。ロンドリーナ市に転居。ロンドリーナ州立大学体育学部卒。一九九〇年「デカセギ」で来日。二〇〇四年、日本国籍取得。株式会社ティー・エス会長、埼玉県親善大使、在日ブラジル商工会議所評議員、在日ブラジル学校協議会会長を務める。長ネギの「葱王」は有名。東日本大震災発生直後、支援物資を現地に運び、救援活動。二〇一八年日本政府外務大臣表彰受賞。二〇二〇年ブラジル政府リオブランコ勲章受章。日系三世の妻と二男一女。

「音楽に合わせて踊る」

◆父の影響下で日本語を学ぶ

一九六七年、八人兄弟の末っ子として生まれた。幼少期、父親は厳しく、日本語学習と相撲の稽古を強制的にさせられた。自分に対しては常に厳しいと感じ、父親に反発していた。

相撲は嫌々ながらも十年続け、どうせやるなら強くなろうと努力し、大会では常に優勝してきた。一方、好きで始めた柔道は、三段になった今も時々稽古している。ブラジルの柔道人口は世界一で、日本より遥かに多い（ブラジルの競技人口二百万人に対し日本十六万人）が、国際大会の成績は今ひとつである。それは有能な指導者がいないためだと思う。

また、ロンドリーナ市の日系団体活動に参画するなど幼い頃から日本語を学び、カラオケにも通い、常に日本文化に触れていた。

子供の頃から地元の日系団体に関わってきたことから、日本への関心が高まり、日本に留学したい気持ちが強くなっていった。ＪＩＣＡや県費留学制度の試験を受けたが、全て不合格となり、一旦は私費で渡航したこともある。親孝行のつもりで、移住してから一度も故国に戻っていない両親と三人で来日した。

日本滞在中は、父親から学んだことを実感でき、父親の厳しい躾に感謝する気持ちに変化していった。その父親は帰伯後三カ月で病に倒れて他界する。もっと優しく、たくさん親孝行すればよかったと後悔の念が残っている。

一九九〇年の改正出入国管理法の施行に伴い、いわゆる「デカセギ」者として二十三歳で再渡航した。ブラジルで学校をつくりたいという夢を持っていたので、その資金確保のため働きに来た。当時、大半の日系ブラジル人と異なり、斡旋業者からは借金をせず、妻の親から五十万円借りて夫婦で渡日した。

◆生活費月額四万円以外は全て貯金する

来日当初は、埼玉県や岐阜県の自動車部品工場や高圧電線のメンテナンス会社に勤務した。日本語での会話ができたため、他のブラジル人の通訳として重宝された。また、ボランティア活動も積極的に行い、人脈を拡げることに努めた。

日系ブラジル人が多く働く会社では、休憩や食事の時間等、ブラジル人同士で集まり、日本人との交流が少なかったが、自分は、率先して日本人の間に入って行った。日本人と交わることで言葉を学習し、日本の文化や習慣を学べると考えた。そのため、ブラジル人からは「ゴマすり」などと批判された。しかし、父親より「文化は目で盗め」と教わったことを実践し、日本人がすること、話すことを見聞きしながら日本社会の仕組みを学んだ。

当初は妻と二人で生活費を月額四万円と決め、給与の残りを全て貯金した。他のブラジル人が車を買ったり外食したりするのを横目にひたすら貯金に徹した。

一九九四年、二十七歳の時、勤務先の上司や社長から、「斎藤は人が頼ってくるし、信望があるので起業したらどうか」と勧められた。外国人が日本で起業するのは相当大変だと分かっていたし、到底無理な話だと思い込んでいたが、周囲の人たちに応援され、埼玉県上里町に人材派遣会社ティー・エスを設立した。T・Sとは斎藤俊男の頭文字かと聞かれるが、実は、テクニカル・サービスの頭文字で、自分の名前とは偶然の一致である。

想定通り、ビジネス相手が「外人」だと分かると大半の日本人は「退いて」しまい、信頼を勝ち得るには長い時間を要した。とにかく色々な会合やイベントに出席し、名刺を配って回り、顔を売った。その過程で学んだことは、まず「ツテ」が必要だということ。色々な方を紹介していただき、徐々に仕事をもらえるようになった。

◆ティー・エス学園設立と「葱王」誕生

事業が軌道に乗り出すための大きな要素は、二〇〇九年の「レインボー保育園」の設立にあった。子供を預けられる場所があれば、親は安心して働くことができ、職場にも定着できる。親の就労支援のための保育園設立であった。妻が地元の保育園に半年間ボランティアとして通い、研修した。現在、当保育園は日本で唯一認可された外国人の保育園で、リーマン・ショック前は百人以上の園児がいたが、現在は六十人余り（日本国籍者も含む）である。

保育園の他に、一貫の小・中・高等学校「ティー・エス学園」も併設し、全体で約百人が通っている。日本語、ポルトガル語による教育で、日本の文化や習慣を教えている。さらに学童保育事業も設立した。

日本の会社は、両親とも外国人の場合、子供の病気等を理由に欠勤するケースが多いことから、なかなか夫婦で採用してくれないが、子供を預ける場所があれば、その問題は改善される。

最盛期には約四百人もの日系ブラジル人が派遣会社に登録し、二百人の子供が通園していたが、リーマン・ショックと新型コロナウイルスの影響で、現在は派遣登録者数は三十人程度に減少している。

二〇〇八年のリーマン・ショックにより景気が後退し、会社には多額の負債が残った。ブラジル人居住者用のアパートを五十軒建設したが、その建築費用の返済ができなくなった。これでは従業員ともども路頭に迷うことになってしまう。何か次の手を模索していたところ、県内には多くの農地が放置されていることに気付いた。比較的価格が安定し、埼玉県が生産量日本上位を誇るネギの栽培に挑戦することにした。

農業の経験は皆無であったので、ゼロから勉強した。農協に相談に行っても相手にしてもらえなかったので、地元の農家さんの支援に頼った。肥料や育て方等あらゆる指導を乞うた。その中で、付加価値を高めるため、土にサンゴやミネラルを含む貝殻の粉末を混ぜ、甘みを強調したネギづくりに奮闘した。生産したネギを「葱王」として商標登録し、農業法人株式会社ティー・エスファームを設立した。販売ルートも方々駆け回り開拓した。積極的な広報活動により、今では北海道から沖縄まで、全国の高級デパートや大手スーパー等千五百店舗に卸している。作付面積は約二十五ヘクタール（東京ドーム約五・三個分）で、六十人の従業員（内ブラジル人三十人、他に日本人、インドネシア人とベトナム人の技能実習生）が一日十トンを出荷している。

出荷量増加の要望もあるが、現時点ではこれが限界である。農業経営を希望するブラジル人は多い。農業従事者、農業に関心を有する者で立ち上げたフェイスブックには約三千人のフォロワーがいる。彼らを上手く指導すれば日本の農家の人手不足は解消されるのではないかとも思っている。

ネギの栽培によって、ブラジル漫画界の巨匠マウリシオ・デ・ソウザ氏とのコラボもできた。葱王はビニールの袋に入れて販売しているが、その袋にソウザ氏の漫画のキャラクター「恐竜のオラシオ」が描かれているのだ。

◆日本社会に恩返ししたい

二〇一八年から大学進学を希望するブラジル人を支援するため、ＴＳ財団を新設した。

返済不要の奨学金を支給している。現在までに二人の日系ブラジル人が卒業しているが、彼らに感謝の気持ちが薄いのか、卒業後に誰も挨拶に来てくれない。悲しいかな、こういった礼儀の欠如しているのがブラジル人の欠点である。恩義を感じないブラジル人の支援など意味がない、と言われることもあるが、自分としては日本の社会に恩返しがしたいから続けている。

現在、十六校が加盟する在日ブラジル学校協議会会長を務めている。政府からの助成金が皆無であるブラジル人学校の経営は苦しい。日本社会で共生できるブラジル人の教育は急務であり、会社としても個人としても活動は継続しなければいけないと考えている。

二〇一一年、東日本大震災の被災地に米三トンを自社トラックに積んで届けた。被災地のブラジル人支援も積極的に行った。

自分はブラジルでは体験できない多くの貴重な経験をした。これまで、紆余曲折の人生だったが、ブラジルにいた時よりも幸せだと言える。各地で講演しているが、その度に「立派だね」、「凄いね」と褒められる。褒められることは嬉しいことだが、当たり前のことをしているのに褒められることに気恥ずかしさも覚える。日本に来て幸せを手に入れた。だから日本社会に恩返ししたいと思っているだけだ。

五十歳の節目に社長職を譲った。後任は、若いが大変有能な人材である。逐一報告してくれるが、基本的に全てを任せている。五十代で退くには若過ぎると言われることもあるが、五十代だからこそ、これからまだやりたいことができる。新しいことにも挑戦できる。

新型コロナで実績が落ちているが、二〇一三年に設立したブラジルへの輸出事業のさらなる拡大を図りたい。昨今の和食ブームを捉え、日本からの輸出を考えたが、割高になるため、タイで生産した商品をブラジルへ輸出することで、高品質かつ低価格が可能になると見込んでの事業である。

それからまだ内密の計画だが、運送会社の計画がある。まず今は充電し、次なる活動に向けて体力づくりをしているところだ。コロナ禍で時間が余ったこともあり、毎日十キロ走っている。二年以上続いているが、雨の日も雪の日も、一日も休まず走っている。走っていると新事業へのアイデアも浮かんでくる。

◆「音楽に合わせて踊る」

日本の人手不足を補うために外国人労働者が必要なのは否定できない。特に後継者がいない農家の場合、外国人を受け入れることができれば、継続できるし、新しい農産業も可能になると思う。

日系四世の受け入れ制度は、日本、ブラジルの両国にとって双方が有益になるために何が必要かを当事者意識で考えるべきである。それから、来日を希望するブラジル人も外国で暮らすための自覚と努力を忘れてはいけない。

現在、自分の会社でもインドネシアやベトナムからの技能実習生を受け入れているが、ブラジル人と違って、辛抱強い。ブラジル人は、残念ながら五十円でも高い賃金を払う会社があればすぐに転職しようとする。

外国で暮らす際の第一の壁は言語である。日本に限らず、まず現地の言葉を理解すべきである。日本で暮らすには日本語で会話できるレベルまで日本語を学ぶべきである。それは、来日してからでは無理である。昼間は働き、残業もすると疲れて勉強する余裕がなくなる。ブラジルを出国する前に基本的な日本語と日本文化について学ぶべきである。

ブラジル人はなかなか日本語を覚えようとしない。アジアの人たちは母国で日本語を習得し、来日してからも日本語を学ぼうと努力しているが、残念ながらブラジル人にはあまりその熱意は見られない。

異国で暮らすには、「音楽に合わせて踊る」ことが必要と考える。即ち日本には日本の文化があるので、周囲に合わせることが重要であることを強調したい。外国人が日本でトラブルに巻き込まれるのは日本の文化や習慣を理解できていないことが大きな原因である。

そのためには日本語を理解しなければならない。残念ながらブラジル人は教育熱心ではない。日本で就労する親は子供の教育を真剣に考えていない。日本に残るにせよ、ブラジルに帰国するにせよ、教育は重要であるとの認識が薄いのだ。

ブラジルの各地にある日系団体の日本語教室等で日常会話を教えることができれば、都会以外のところに住んでいる人も学ぶことができるのではないか。月謝を払えない者がいるとすれば、それはその人の意志が弱いからだと思う。煙草をやめる、酒をやめる、ビールを飲まずにその分を月謝に回せば払えるのではないか。

日系四世の訪日申請が伸び悩む理由は、日本語能力以外に、ブラジル人としては、単身であることと年齢制限がネックになっていると考えられる。年齢制限は拡大してもいいのではないかと思う。しかしあまり年を取ってから来るとかえって厳しいので、上は四十歳がリミットだと思う。

そしてもう一つ、条件になっている国内の「受入れサポーター」もネックになっていると思われる。今の制度の下では、企業側が「受入れサポーター」になって責任を負うメリットがない。在日の親族が「サポーター」になるしかないのではないか。

いずれにしても、ブラジル人が日本での就労を希望するのであれば必ず日本語と日本社会の規則を学んでくることを必須としなければならない。

この大前提をクリアすれば、後は本人の努力次第である。自分は負けず嫌いの性格が奏功したのかもしれないが、途中で諦めず頑張った。学べるものは学ぶという意欲が大事なのだと思う。

安富祖美智江（あふそみちえ）　NPO法人代表

一九六八年サンパウロ州ABC地区生まれ。日系二世。ブラジル国籍。工科大学中退。一九九〇年来日。現在、NPO法人ABCジャパン理事長。二〇一八年ブラジル政府よりリオブランコ勲章受章。二〇一九年日本政府より外務大臣表彰受賞。日系三世の夫と二女。

「外国人の子供たちにも教育を」

◆訪日を望む両親に促されて

両親は沖縄県恩納村の出身で、父は中学生のころから南米に興味を持ち、高校時代は移民クラブに所属していた。沖縄県（当時は琉球）に設置された、移住を前提としていた産業開発青年隊に参加し、その第九回修了者として、第六次青年隊移民で渡伯した。ボリビアへの移住を希望していたが、条件が合わず、ブラジルへ渡った。

父は一九五八年に単身移住し、一九六三年に母を呼び寄せた。野菜づくりの農業に従事し、その後フェイラ（青空市場）でパステウ（パイ生地に挽肉やチーズを入れて揚げた料理）を売って生計を立てた。

私は兄妹三人で、兄二人の末っ子。両親は家庭で日本語（沖縄言葉）を話してくれたが、外へ出ると周囲はみなポルトガル語なので、日本語を話すことに抵抗があった。

学校には日系人はほとんどいなかったが、近くに沖縄県人会館があり、様々な行事に参加できた。そのため、幼い頃から日系人や日本文化は常に身近にあった。三線を習い、バレーボールに励んだ。

両親は子供たちに、日本について学ぶため訪日することを奨励した。短期間であっても日本に滞在することで日本の習慣や文化を体験できると考えてのことだった。すぐ上の兄は、一九八七年に十九歳の時渡日した。日本を気に入り、横浜に定住し、現在は日本に帰化している。

自分は大学生の時、親友の誘いもあり、一九九〇年に来日した。出入国管理法が改正された時だった。それまで親のスネかじりだったので、自立することも目的の一つで、当初は二年の予定で、群馬県伊勢崎市の工場で働いた。

残念ながら一緒に来た親友は身体が弱かったこともあり、一カ月で帰国した。同工場にはブラジル人はほとんどいなくて、おかげで日本語を習得することができた。職場の同僚に親切にしてもらい、辛い思いはしなかった。差別もなかった。

一方で、群馬県はブラジル人が最も多い地域で、必然的にブラジル人コミュニティとの交流が中心になってくる。日本人の生活習慣を学ぶためにはブラジル人が少ない所がいいと考え、二年が過ぎる頃、兄が住む横浜へと移転した。

労働して、給料をもらうことの嬉しさを覚えた。また、群馬県にはブラジル各地から日系人が集まっていて、同じ日系人として居場所を見つけることができた。ただ、親から教わった日本語（沖縄言葉）が全く通じなかったのは辛かった。ひらがなとカタカナが書けたので、周囲の日本人に重宝され、次第に日本社会にも溶け込んでいった。

もう一つ驚いたことはトイレだった。何とまだ汲み取り式だったので、最初は使用に大変躊躇した。今ではそのようなトイレは見かけない。

◆ABCジャパン誕生

横浜に転居した当初、国際電話サービス会社に勤務した。ブラジル人コミュニティにインターネットと国際電話サービスを提供する仕事で、顧客の多くはブラジル人で、大半は様々な悩みを抱えていたため、自然と彼らの悩みを聞くようになった。

様々な悩みを聞き、相談を受ける中で、自分も日本の規則や習慣を知らずに困った経験から、彼らの力になりたいと考えた。彼らからは労働問題に関する相談が多かった。

横浜に住むブラジル人を中心とした外国人を支援する活動を始め、二〇〇〇年にABCジャパンを創設、二〇〇六年にNPO団体として法人格を取得した。

日本在住の外国人が日本社会の一員として充実した生活を送ることができるよう、また、市民として地域に貢献できるよう、在日外国人と日本人との架け橋となるような様々な事業・活動を行い、多文化共生社会の推進を目指すことを当団体の理念としている。

在日外国人の中には不登校・学齢超過等の子供や、将来の進路に悩む生徒も多い。そのような外国人のためにフリースクール、高校や大学進学ガイダンス、多文化や相互理解推進のための出張授業等を高校や大学で行っている。外国籍保護者への多言語による情報提供、多言語のキャリア支援や大学進学ガイドブック発行等も行っている。

子供の教育は依然大きな問題である。保護者が日本の教育制度を理解していないケースが多く、どのように教育を受ける機会にアクセスすればいいのか迷っている外国人は少なくない。そういった家庭への支援もさらに強化したい。

◆外国人との共生社会をつくるためには

まず教育問題をあげたい。外国人の教育問題を改善することは必須である。日本では国民の教育は義務化されているが、外国人は適応外となっているので、外国人の子供に対しても義務化することは極めて重要である。

社会保険も課題である。外国人の多くは社会保険に加入していない。例えば在日ブラジル人の高齢化が進みつつあるが、彼らは社会保険について日本政府ないしは勤務先から説明を受けていなかったので保険に未加入の期間が長く、老後に大きな不安を抱えている。

日本とブラジルは社会保障協定を結んでいるので、どちらかで年金が受給できるよう若いうちから年金を納めることが肝要であるが、そのような事実を知らされていなかった。この義務について広く周知していく必要がある。

また、事業者側が給与から天引きしておきながら、きちんと社会保険料を支払っていないケースもあり、このような悪徳事業者の取り締まりを強化すべきである。

次に賃金を上げることも必要と考える。今は日本人も含め賃金が低いと言うが、外国人は特に条件が厳しいのではないか。様々な相談を受けるが、弱い立場にある外国人は、解雇されることを恐れ、不利な条件を訴えることも要望を声に出すことも躊躇している。

日本で勉強や仕事をしたいと考えているブラジル日系人には、まず日本語を習得すべきだと言いたい。上級レベルである必要はなく、基本的な日常会話、学齢期の子供たちがいる場合は学校側とコミュニケーションができるように、あるいは病院で簡単な自分の症状を訴えられるように、そのレベルの日本語は習得しておいて欲しい。それから日本の文化や習慣についても、少し理解してから来日する方が生活する上で困らない。

日系四世の受け入れ事業が進展しないと聞くが、日本で働きたいという日系四世はどれくらいブラジルにいるのだろうか。高度な技術を学ぶために来る場合、家族帯同は重要かもしれないが、年齢制限は四十代前半くらいまでだと考える。あまり年を取ってしまうと、新しいことに挑戦することが難しく、生活環境を変えることにも不安があるので、せめて三十代までには来日した方がいいと思う。

大きなネックとなっているのは「サポート」を確保することである。当団体でも「サポート」の引き受けを打診されたことがあるが、当団体では保証人になることは困難である。知人や家族であっても「サポート」できない人が多いのではないか。それよりも受け入れ業者による「サポート」が最も適切ではないかと思料する。

来日して苦労している外国人は、まず言葉の壁や文化の違いが大きいので、これらを習得できる機会が必須である。ブラジルを出発する前に簡単な会話と日本で生活する上での必要なルールについては学んでおくべきである。

平野（ひらの）パウロ勇（いさむ）　会社経営

一九七九年、サンパウロ生まれ。日系三世。一九八九年、十歳の時に家族とともに来日。大泉の中学・高校を経て、京都外国語大学ポルトガル語科、在学時にサンパウロ大学に留学。大学卒業後、民間会社に就職し、現在は株式会社アルテソリューション社長。ブラジル国籍。

「むしろ『多文化共生』という言葉をなくす活動をしたい」

◆ひらがなで覚えた「矢切の渡し」

母方の曾祖父と祖母は熊本出身で、戦前にブラジルに移住した。父親は日系二世でパラグアイの日系社会の中で育った。私の幼い頃の家はサンパウロ南部のブタンタン近郊にあり、カトリック系の幼稚園に通っていたが、園児は日系人ばかりだった。その後、サンパウロの日系人経営の学校に通っていたが、習字の授業もあり、弁論大会は日本語でやっていた。

ただし、少年時代の私は、ポルトガル語しか話せなかった。日本語はいわば、第二外国語という感じで教えてもらっていた。家の中はポルトガル語で、日本語は一切使わない。でも祖父の家に行くと、みんな日本語で話していた。両親は魚屋をしていたが、ほとんどのお客さんがブラジル人だったこともあり、もっぱらポルトガル語を使っていた。

日系人主催のカラオケ大会に出る時に歌う演歌の先生は日本人だった。「コブシ」なんかも教えてもらっていた。でも日系人は日系人で固まって行動していたので、特別の環境だったような気もする。週末は日系人の集まる会館に行って、みんなで歌の練習をしていた。演歌の練習だけは、楽譜が日本語で書いてあるから、ひらがなとカタカナはちゃんと覚えなくてはいけなかった。最後に覚えた「矢切の渡し」は、全部ひらがなで書いてあった。「矢切の渡し」は私自身、上手に歌いたいと思っていたので、ひらがなで覚えた記憶がある。それは十歳の頃だが、日本語はある程度読めるけれど、話せるところまでは行っていなかった。しかしその直後日本に来ることになったが、ポルトガル語も日本語も両方できた両親は、すぐに日本語に切り替えた。

私は三人兄弟の真ん中であり、兄は日本語よりもポルトガル語の方が得意で、弟はポルトガル語が全く話せない。日本に来て、兄は中学校を卒業してすぐに就職した。化粧品メーカーの正社員になったが、給料が良くなかったので転職し、新しい会社はブラジル人の多い現場だったようで、ポルトガル語を使うことが多かった。三人兄弟それぞれ、価値観も得意な言葉も違う。

一九八九年の一月頃、まず父が日本に来て、それから同じ年の十月に母と我々三兄弟とさらに親戚の人何人かと共に来日した。父は当初は二、三カ月でブラジルに帰る予定だったが、日本は住みやすいし、景気も給料も良かったので、家族を呼ぼうとなった。みんなで「デカセギ」に行くか、となった。父は四十歳くらいだったと思う。

ブラジルは狂乱物価で、今お米を買わないと明日はどうなるか分からないといった状況だった。持っていた貯金はほとんど無価値になり、それも日本行きに影響した。

父が勤めたのは、三洋電機で当時は業績が良くて、一九八八年に人材派遣会社の社長さんから、僕の祖父や親戚の人に、群馬県の大泉にある三洋電機の工場が人を募集していると誘いがあった。一九九〇年の入国管理法の改正目前で、派遣会社も人を呼び集めようという気運が強かった。

◆日本語を学ぶ方法を見つけた

日本に来てショックを受けたことはいくつかあった。

ブラジルでは盆踊りに積極的に参加していたので、日本ではどんなに立派な盆踊りがあるのかと期待していた。また、運動会もみんなが集まってやっていたので、実際に日本の運動会に参加したら、いかにも学校行事という感じでイマイチだった。日系人の運動会も学校行事だけど、家族も近所も社会もみんなが参加する楽しい「お祭り」で、それは日本文化に通じるものだと思っていたし、日系社会の独特の文化の根っこはそこにあると思っていた。

また、日本には「家族愛」がないと思った(笑)。例えば、中学校の時の友達の一人は、家族同士があまり仲良くないようだった。お父さんやお母さんの悪口を言ったりしていて、あれは結構ショックだった。日系の人たちはブラジルの文化がうまく混じりあって、お互いのことを大事にするところがある。日本は「進化」しているなあと思ったことを覚えている。

ブラジルの日系社会は少し時間が止まっている(笑)。インターネットの影響で今は、多少は良くなっているかもしれないが、昔の考え方のままという人が多くて、逆に日本人と衝突することがたまにある。

私が一番残念に思ったことは、日本人が演歌をあまり聞いていないことだ。ブラジルで過ごした少年時代は、日本の歌は全部演歌だろうと思っていた。日本に来て演歌をあまり耳にしない。若い人は誰も聞いていない。ポップな曲が流行っており、自分の音楽感覚がズレていたと感じた。学校では演歌は話題にできないという感じだった。

演歌は歌詞もメロディーもとても良い。歌詞も深い。今聞いても泣ける。メロディーも美しい。黒人文化のジャズやブルースに通じるものがある。ジャズもブルースもコード進行が特殊で、ジャズはテンションコードがあったりしてもう少し複雑だが。ポップスでは韓流か日本流か分からない無国籍な感じがあるが、演歌のメロディーには美しく独特ののがあり、聞けば日本の演歌だと分かる。ボサノバがすぐ分かるのに似ている。日本は演歌をなくしてはいけない。私は『大阪しぐれ』や『津軽平野』がとても好きだ。日本の音楽の授業で演歌を取り上げるべきである。音楽の授業に演歌がないのはもったいないと思う。「コブシ」は民謡から来ていて、大衆のＤＮＡに訴えようとしている。演歌に出会うと私はブラジルの日系社会を思い出す。真剣に聞いていたから。

日本語を学ぶことに通じるが、来日後、日本人の同級生たちと何を話題にしたら、仲良くなれるか、ということを必死に考えていた記憶がある。その際に音楽（演歌）の話題は出せないので、最もすんなりいったのが、「ドラゴンクエスト」だった。「ドラゴンクエスト３」と「ドラゴンクエスト４」がちょうど流行っていて、日本語を学ぶ際に大事なことは、楽しむことだと知った。みんなとワイワイ楽しんで話をすると、その内容も記憶に残るので、とてもいい日本語の勉強になった。友達とのドラゴンクエスト関連の会話はすごく真剣に聞いていた。漢字は全然読み書きできなかったが、運が良かったことに、ドラクエは、昔はひらがなとカタカナしかないゲームだったので読めた。『週刊少年ジャンプ』も基本的にひらがなやカタカナの振りがながあったので、よく読んだ。

ドラクエのおかげで言葉を覚え、みんなとの輪に入っていけたとも言える。小学校六年の頃は、まだ日本語が難しくて、友達もつくれなかったが、中学に上がった頃に、だいぶ理解できるようになり、「ファイナルファンタジー」とか「ロマンシングサガ」といったゲームつながりで仲間も増えた。その頃スーパーファミコンが発売され、そこから漢字の表記も登場し、漢字を覚えるようになった。

ゲームが日本語を勉強するモチベーションになったことは間違いない。自分はゲームや漫画に救われた。

これから日本語を勉強する人にも、少しはお手本になると思う。若い人なら、この辺から入っていくのがいいと思う。

現在、行政が中心になって「多文化共生」という言葉を推進しているが、外国の人と触れ合いたいと思っている人は、そもそも「多文化共生」という言葉を掲げなくても集まって来る。外国人も多く含むラグビー日本代表には、「多文化共生」という言葉はなくても、人は集まっている。外国の人々が集まって彼らがコミュニケーションを取ることでそこで自然に外国の文化に触れ合い、それへの関心も自ずと高まっていく。むしろ「多文化共生」という言葉をなくしていく活動をすべきだと思う。何かのジャンルで人々が集まり、そこでは国籍を問わない、という営みが大切だと考える。

◆アルテソリューションを起業した

「アルテソリューション」を二〇一八年の一月に立ち上げた。デザイン、マーケティング、SNSの更新やホームページの作製、チラシや印刷物の作製等を総合的にやる会社で、日本語とブラジル語両方でやっている。個人事業として二〇〇九年に始めたが、前年のリーマン・ショックも契機になった。もともと三十歳になったら何か新しいことをやろうと思っていた。大学の時の親友が大学を卒業してすぐに会社を立ち上げたので、彼の影響もあった。その親友がずっと頑張っているのを見ていたので、自分もいつか会社を持ちたいと思っていた。

当時、日系人コミュニティには、大泉で四、五千人（人口四万人）、太田市で七、八千人（人口二十二万人）くらい日系人がいて、他に伊勢崎にも結構いた。会社を立ち上げた頃は、コミュニティ全体が苦しい時で、お客さんがすごく少なくて大変だったが、二〇一四年のブラジル・ワールドカップは決まっていたので、それに向けて仕事は増えるだろうと思っていた。最初はお金もないから、ホームページを立ち上げて、それを広く伝えていくことにした。それが「Bem-vindo! ブラジル街」という活動で、日本で活躍するブラジル人を取材して紹介した。

二〇〇九年頃からは、日本人向けにブラジルの文化を紹介することで、日系人の営むお店への日本人の集客につなげたいと考え、日本語のメニューの作成を提案したりして、日本人のお客さんを呼ぼう、という活動もした。媒体もホームページから徐々に印刷物へ、あるいは両方を相乗的に使った。

「Bem-vindo! ブラジル街」を刊行するたびに、多くのメディアに送って、取材に来てもらうように促した。大泉町にこういうお店があると知ってもらい、足を運んでもらおうと考えていた。それが僕の始めたビジネスであり、「町おこし」でもあった。

「Bem-vindo」は、「ようこそ」という意味のブラジル（ポルトガル）語だが、大泉町に暮らす日系社会や日系人やブラジルの文化やそこでの営みを取材編集したタウン誌でありPR誌に育っていった。全国紙の群馬版でも頻繁に取り上げてもらったし、地元の『上毛新聞』では記事を書かせてもらったりもした。

クーポンを付けるフリーペーパーが流行れば、それも取り入れた。みんなに分かりやすく、を大事にし、みんなが注目するであろうものには敏感に反応した。写真も日本人好みのものにした。私自身は日本人に近い感覚でブラジルで暮らしていたし、どちらかというと日系人に偏っているので、本場の人たちの感覚があまり分からない。それはこういうことなんだ、と逆に大泉の人たちに教えてもらったりもした。ワールドカップ後もリオデジャネイロ・オリンピックに助けられ、二〇一六年頃まではブラジルは注目された。

今は「多文化共生」という観点で、少し注目されている。ここ大泉にはブラジル以外にも、ベトナムやフィリピン、ネパールやインドネシア等からも多くの人が来ている。子供たちは、基本的には公立学校に通っており、独自の学校はブラジル人学校だけである。二〇一五年頃までは中国人が多かったが、パタリといなくなって、急にベトナム、ネパール、インドネシアに入れ替わった。

◆日本への帰化に関する正直な気持ち

日系ブラジル人の私自身、日本に来て、日本人でないことが、とてもイヤだった。日本人になりたい思いが強い子供だった。しかし、娘の感覚は違う。

今、太田市の公立の学校ではかなりの割合で外国人の生徒がいる。ブラジルだけでなく、ベトナム、フィリピン、ペルー人の子供たちも増えている。一クラスに二、三人は必ずいるという感じだ。

ウチの娘は現在高校生で、高崎に通っているが、外国人の生徒は少ない。小、中の頃は周りには外国人の子供が沢山いた。今は、パウラという名前を使い、みんなからもそう呼ばれていて、娘も、覚えてもらえやすい、と言っている。

コロナ禍になる少し前、私たち家族は帰化しようと法務局に申請していた。ところが仕事が忙しくなってしまって、途中で申請作業をやめてしまった。実は娘は「帰化」することを嫌がっていた。ブラジルがなくなっちゃうの、と。「パウラ」を使う理由にはブラジルが好きだということもある。この感覚は私が幼かった時の感覚とは違う。もし私が中学生の時に帰化して日本人になるかと両親から言われたら、自分は喜んでなりたいと答えたと思う。結局両親も帰化していない。

今は正直なところ、帰化してもしなくてもどちらでもいいと思っている。娘が就職する時に、公務員になれないのは本人が困るから、帰化した方がいいかなとは思う。それがあって、申請したが、仕事でバタバタしてしまって、仕事を優先して、中断してしまった。途中、何度か面接に行かなくてはいけないし、家族や会社の情報も提出する必要があり、三回目の面接でやめてしまった。以前、帰化手続きは、太田市で申請して太田市内のどこかで面接をして済んだが、今は全部前橋に集まっていて、外国人はみんなそこに行くので、すごく混んでいる。面接もはるか先で、その間に入手した公的書類も有効期限が切れて再度ブラジルの親戚にお願いして送ってもらわなくてはいけないようなこともあった。

永住権は両親が申請してくれていて、入手はそれほど難しくはなかったのではないかと思う。実は永住権を持っていると、不自由はほとんどない。会社経営もできるし、融資も受けられる。弟は、東京のシステム開発の会社に就職したが、やっぱり先生になりたいとのことで、帰化して先生になった。その時は太田市で半年くらいでスムーズに手続きを終えることができた。

帰化に関して、「日系人」がプラス材料になるのかどうかはよく分からない。私の場合の担当の人はとても親切だった。ものすごく丁寧に対応していただいた。しかし結構キツい質問をされた、と言っている知人もいる。

日本では、ブラジル国籍を取ると日本国籍を離脱しなくてはいけないが、ブラジルでは、日本国籍を取ってもブラジル国籍の離脱を認めていない。日本国籍を取ると日本人だが、ブラジル国籍を離脱することが難しく、多くの人が離脱できていない。

◆私は日系ブラジル人である

「アイデンティティ」は難しい問題であり、私も心の中で何回か揺れ動いている。小さい頃の私の社会は、日本を好きな日系人たちが集まっているコミュニティで、日本大好きの感覚を持っていた。しかし、日本に来て、自分はブラジル人だと言われるようになってから、「隠れブラジル人」の感覚を持つようになった。ブラジル人だという認識はあるけれど、それは言ってはいけない、という気持ちがあり、あなたは何人（なにじん）ですか、と聞かれると、答えるのにすごく困る時期が、特に学生時代に、しばらくあった。

例えば、大学で登録する時に、「ブラジル人です」と答えたくなかった。「外国人登録証明書が必要ですね」と言われたり、それを出すのが嫌で、隠したいから保険証とかを出していた。パウロという名前も隠していた。銀行口座も、「平野勇」だった。ブラジル人の認識はあるけれど、言ってはいけないと思う時期があった。その後、ブラジルの大学に「留学」した時は、ブラジル人で良かったなと思った。

日本で就職して、また「隠れブラジル人」になった。会社で最初につくってもらった名刺が、パウロを伏せた名刺だった。その時の上司の人は、外国人だと営業する時に下に見られるかもしれないから日本人でいった方が良い、と言った。それは、とてもショックだった。外国人だと立場が下なんだ、とその時に感じた。ただその会社の扱っているものが、高級品というかブランド品で、大企業や大手のデパートとかにも行かなくてはいけなかったので、そういうふうに上司の人も考えてのことだったのかもしれない。今は多分、そんなことは言わないと思うが。

自分がブラジル人であるということを、何の躊躇もなく言えるようになったのは、現在の仕事を始めてからである。自分がブラジルの情報発信をすることで、ブラジルに関心を持つ人たちが集まってくれて、自分が日系ブラジル人でなかったなら、これだけ各界の錚々たる人たちに会えなかったと思う。ブラジル人で良かったなあ、とつくづく思っているので、今は、ブラジル人だと自分から言うくらいである。

帰化してもしなくても、僕の中ではメリットもデメリットもないと思う。今のままの自分で生きることが居心地が良い。このことは周りの若いブラジル人にも言うようにしている。ブラジル人学校に通う人たちはそうではないかもしれないが、日本の公立の学校に行っている人たちは、あるいは就職後も、どこか、みんなと同じようにしなくてはいけないと考えていると思う。でも実はそうではなくて、日系ブラジル人であることを自分の長所だと思って、それを活かす方法で仕事をやっていけば、道は開ける。

しかし日本全体がそういったことを受け入れているかというと、決してそうではない。独立して、営業に行ったある会社では、理由は言わなかったが、外国人お断り、とはっきり言われた。

◆大事なのは日本語教育だ

「日系四世受け入れ制度」が発足して四年が経つが、効果が上がっていない。二年前には日本語試験もN４からN５にハードルを下げたにもかかわらず、である。日本語試験に代わる別の評価の基準を設けることが必要だと思う。例えば、柔道や剣道、あるいは日本文化に精通する何らかの実績とか、日本語能力以前に日本が好きかどうかを見極めることが大事である。日本に関心がないのに日系人だからというだけで三世の人を受け入れた反省を忘れてはならない。

人材派遣会社の通訳の仕事も時々やるが、三世の人たちにもかなり問題がある。日本に関心のない人たちは、正直、厄介者でしかない。そのくせ何をしても許されると思っている。日本語を学ぶ姿勢も見られないし、日本との接点をつくらない日系三世の人を見ていると、その人たちの老後の社会保障はどうなるのだろうと心配になる。文化的な関心や日本文化との接点のある人は、孤立に陥っていないように思う。

日本や日本文化に関心のある人は最低限の日本語の勉強はやってから来るが、日系四世の人たちは、今の基準だと、来日後、N４だか、N３だか、日本語能力試験をもう一度受けなくてはいけない。しかし仕事を始めると、勉強するのがなかなか大変である。現場での仕事だと特にそうだ。この辺りでは自動車製造に携わる人が多い。食品製造の現場も見たが、結構重労働である。若い人だと可能かもしれないが、あれだけの仕事をしてから帰って日本語の勉強ができるかというと、ちょっとキツいかなと思う。漢字を使う機会があれば、意欲も出てくるかもしれないが、現場で仕事している人たちはマニュアルや手順書に従うだけで、日本語に触れる機会は極めて限定的である。日本語に多く触れる人はその部門のリーダーだったり、指示を出したりする人だけである。多くの人は職場でも、ほとんど日本語を使わないので、なかなか日本語を伸ばすことができない。

日本にいながら、日本語を学べるチャンス、使えるチャンスがない、というのは残念である。大泉町の食品工場の総務部に取材に行ったことがあるが、日系の人たちはなんでこんなに日本語を伸ばせないのだろう、アジア系の人たちがこれだけ頑張って勉強し上達させているのに、とそのことが話題になっていた。何かの形で、日本語を学ぶモチベーションを持たせることが必要である。

◆来日三十年を経て思う

ベトナム、インドネシア、ネパール等からの技能実習生等が急増している。また、日本語学校への留学、もしくは「技術・人文知識・国際業務ビザ（ぎじんこくビザ）」で日本に来ている外国人も多い。

最近は、難民申請している人も多い。どういう流れなのかはよく分からないが、派遣会社に面接に行く人を見ると、難民申請をしている人がたくさんいる。新しい動きが日本で見られる。ここ数年の変化はすごい。

日系人で日本語が全く話せない人の割合は結構高い。日本語能力試験というか、日本語ができないとビザ申請、更新はできないという仕組みになっていないから、日本語を学ぼうとしないというのは明確にある。今の仕組みでは日系人は、いつまで経っても日本語を勉強しない。その子供たちも同じである。ブラジル人学校に行ってしまえば、その後ブラジルに帰国させるつもりの人もいるだろうから、日本語を学ばなくてもいいやと思えるところがダメなのだ。日本語教室の講師として呼ばれることがあるが、そこに来る人で、二十年以上日本にいながら、一言も日本語が話せない日系人もいる。これまでよく生活できたなあ、と思う。強制的に、覚えなくてはいけない、学ばなくてはいけない、というルールをつくるべきかもしれない。日系の人たちには、特にそうさせるべきかもしれない。日系三世の人までは確かにとてもユルい。ビザも簡単に取得できる。四世からは一気にハードルが高くなったその違いは何なのだろう、という疑問はある。三世の人たちを強制的に学ばせるとすると、かなり反発があるかもしれないが、本来は日本語を勉強しなくてはいけないと思う。

また、日本に来る日系人には、悪いことをして欲しくない、という切実な思いがある。例えば、仕事でお客さんのところに営業に行くと、南米の悪いニュースが少しでも出ると、仕事に影響することがある。

ベトナムの人たちも同じように感じていると思う。豚を盗んで違法に解体したとか、果物を盗んだとかの事件があると、その国の人たちの募集を控える会社や工場がある。彼らの生活を思うと、可哀想で仕方ない。苦しい中で、借金を抱えて日本に来る。日本に来て初めてどんな現場かを知り、そこで働いている人たちを知る。ああ、これは馴染めない、どうしようと思った時に、SNSからの甘い誘いについていって、失踪しながら自分が良くないことをしていると知る。元々はとても真面目な人だったのになんでそうなったのか、ということが起きてしまっている。

日本の人たちにお願いしたいことがある。「外国人」だと意識することをやめて欲しい。私のことを外国人だと思って接触する人と、何も考えずに構えずに話をしてくる人を比べると、明らかに後者の方がいい。その方が自分自身、自然体でいられる。他の外国人たちも同じだと思う。ただ、そこには言葉という大きな壁がある。お互いが「普通に」話すためにも、その壁を乗り越える努力が必要である。結局、日本語をしっかり学ぶということになってしまう。私も日本人の友達ができたのは、日本語ができるようになってからである。日本語をしっかり学ぶということが、一番大切である。

もう一つ、日本の人に学んで欲しいことがある。海外ではこのようなことをしたらアウトなんだよ、ということをもう少しメディアでも取り上げて欲しい。例えば、人前で人の頭を叩くことはすごく失礼なことだが、建設現場等ではそれがまだ起こっている。頭を叩くことが如何に人を侮辱することかを知っていれば、そんなことはできない。

最後にもう一つ。先輩と後輩の関係を、外国の人にどう理解してもらうかということがある。これも難しい問題である。私の娘のバレーボール部の活動を、外国の人が見たら、正直、犯罪に近いと思うだろう。私は、試合の時くらいしか先生の指導を見ないが、もちろん真剣にやっているからこそではあるが、あそこまで厳しくやることは海外ではまずあり得ない。例えば、ボール拾い、荷物運びは一年生が、もしくは後輩がやる。一年の年齢差であそこまで扱いが違うのはどう理解すればいいのか分からない。野球部やサッカー部でもあることだろう。

この先輩後輩の「文化」は職場にも残っていて、入社一年目の人が先輩から指導を受ける時に、新人の「やるべきこと」をどこまで外国の新人がやれるかということでもある。

また先輩になった時、新人にどう指導するかという問題もある。これはイジメに見えたりすることさえある。あの人は、自分より一歳年上というだけなのに、しかもそんなに仕事もできないのに、なんであんなにエラそうに言ってくるのだろう、と。

オオルイ・ジョアン（ORUI JOÃO）　技術コンサルタント

一九八六年、サンパウロ生まれ。その後ミナス・ジェライス州パッソスで生活。一九九九年、先に来ていた親の呼び寄せで来日。大阪府立長吉高校卒、筑波大学卒。民間企業就職後、ドライブモード社の起業に立ち会う。同社を本田技研工業に売却後も、エンジニアリング担当部長兼日本支店代表を務め、二〇二二年退職。現在技術コンサルタントとして活動。妻と一女一男。帰化申請中。

「世界が小さくなるようなことはしない方がいい」

◆小中高の恩師に敬意と感謝

一九九五年に両親は日本に向かった。残された私と二歳違いの弟はサンパウロの親戚の叔母さんのところで、そしてさらにミナス・ジェライスのパッソスの親戚のところでお世話になった。

一九九九年、両親に呼ばれて来日。大阪府泉南市の小学校に入学した。私は年齢的には中学一年だったが、日本語が全くできなかったので、敢えて小六に、弟は小五に転入した。日本の小学校に入ってまず驚いたのは、朝礼をはじめ、まるで軍隊かと思わせるほどみんなが一律の行動を取ることだ。ブラジルでは、各自の個性尊重でそれぞれが自由奔放だったので、それが最初のカルチャーショックだった。

日本語は全くできなかったので、本当に困った。それを見かねて、校長の高井健次先生が、ボランティアで、しかも校長室で、弟と私に日本語を教えてくださった。ひらがな、カタカナ、基本的な漢字をじっくりと教えてもらった。これは本当に幸運だったと思う。高井先生と当時教頭先生だった馬場先生には、後年、私の結婚の報告をし、お祝いディナーを催していただいた。

小学校では、派遣通訳の支援も受けられるようにと配慮してもらった。担任の先生と親とのコミュニケーションの通訳はもちろんのこと、週に数時間、派遣通訳の方が一緒に授業に加わって、先生の話していることや教科書に書かれていることを訳してくれた。時には、私と弟の悩みにも応じてくださった。それは精神面の支えになった。

中学になっても国語の授業についていけない私に、週何時間かある国語の授業は、私専用の日本語習得の時間として、ブラジル駐在経験のあるボランティアの先生がマンツーマンで学習支援をしてくださった。その時間は、日本語のみならず、地理、都道府県の県庁所在地、各地の特産品等にも及んだ。他の授業でも理解できないことはたくさんあった。それでも中一の後半になると、日本語の会話はだいぶできるようになり、二年には何とか多くの授業についていけるようになった。そして中三では、いわば「応用」も利くようになった。それ以降は、「普通」に話し、「普通」に暮らすことができた。

平野区の大阪府立長吉高校に進学した。外国人生徒の多い高校で、外国人の半分くらいは中国人で、ブラジル人やフィリピン人の同級生もいた。三年の時の担任だった森山玲子先生は、部活の国際交流部の顧問でもあり、その部で、他の人々、他国の人々と触れ合う機会を持つことができた。もちろん友人も多くできた。外見は外国人だが、中身は日本人っぽい自分自身、その私のアイデンティティを確立できたことが大きかった。日本語でのスピーチ大会にも参加したりし、物の見方もそうだが、「世界」が広がったように思う。

もう一つ、「母語」の問題がある。私の母語はポルトガル語である。日本で、日本語で生活していると、どうしてもポルトガル語を少しずつ忘れていく。高校入学の頃から、母語で考えることができなくなっていく恐怖というか苦痛を感じていた。高校に入って、ポルトガル語の先生をつけてくださり、それは、今でも感謝しているし、私らしく健全に生きてこられた非常に大事なポイントだと思う。

大学進学の際は、今度は森山先生の丁寧なご指導が効いた。筑波大学のAC入試、他校でいうAO入試だが、その枠で、筑波大の情報学類を狙ってみてはどうかとのアドバイスだった。入試の唯一の問題が、自ら発見した問題に対して、調査や実験や思考等によりその解決をどう図ったか、を資料やデータを添えて科学的に著すというもので、その文書作成では、書いては森山先生に見てもらい、返されるそれには毎回ダメ出しと修正指示の赤字がびっしり入っていた。筑波大学合格は、ひとえに森山先生のご指導のおかげだった。恩人である。

◆大学卒業後ドライブモード社の立ち上げに参画

サンパウロの叔父さんのウチにはコンピューターやその部品が多くあって、私自身子供の頃からそれらに触って遊んでいたので、パソコンオタクぶりは自然に始まり、徐々に昂じていったようだ。日本での中学高校時代には、簡単なゲームソフトやウェブサイトを自分でつくったりもしていた。そして、晴れて入った大学の情報工学では、それらの理論と確率論などを体系的にきちんと学び、併せて、もう少し本格的なゲームソフトをつくったりもした。弟も長吉高校から筑波大学へ進学した。学部は、私と違って、比較文化学類だった。卒業後は翻訳の仕事をしている。

大学に入ってしばらくは寮で生活していたが、二年になって、アパート暮らしを始めた。その隣の部屋にいた人が、今の妻である。アパートで顔を合わせれば挨拶くらいはしていたが、数年経った頃からお話をするようになった。彼女も筑波大学の学生で生物学類だったので、ある時は、飼育調査している何かの卵を裏返さなくちゃ、と言っては夜も大学に出かけて行ったりしていた。そして今は、その妻との間に、一女、一男がいる。

大学卒業後二〇一二年、民間ＳＮＳ会社に就職したが、その後、ドライブモード社(Drivemode, Inc.)の初期メンバーとしてソフトウェアの開発に関わり、同社を本田技研工業に売却後もエンジニアリング担当部長兼日本支店代表として勤務したが、二〇二二年に退職した。現在は、子育てとＩＴ関連のコンサルティング業務を行っている。

現在、日本国籍への帰化申請中である。書類等を提出し、その後面接を受け、そして結果待ちだ。必要書類は厚さでいうと十センチ以上で、それのオリジナルとコピーの計二セット提出。先に述べた会社売却に伴うお金が自分の銀行口座にはあるが、現在、コンサルタント業はフリーランスでやっているので、定職に就いていないことが少し不利になるかもしれない。

◆容易ならざる銀行口座開設と住まいの確保

日本に来た外国人や日系人にとって最も「不利」になるものの一つは、情報の格差であろう。お金を稼いで本国に仕送りしようとデカセギで来日している場合は、基本仕事をするのみで、情報の仕入れがほとんどない。私の両親もそうだが、日本文化をはじめ、日本のことを知らない。毎日の暮らしの大半、工場内の人たちと話すだけで、会話の内容も限られている。社会保障制度や税金制度、法的、社会的なことは人任せになってしまう。この情報格差は何としてでも改善していかなくてはいけないと思う。

私は来日して、小、中、高、幸運にも全て、伴走型の先生やボランティアの人に出会うことができ、そのおかげで今があると言っても過言ではない。来日した、特に学齢期の人たちが日本社会に上手くソフトランディングできるように、という考え方は、外国人や日系人だけのものではない。海外で長く暮らして帰国した日本の子供たちにも当てはまる。彼らは彼らで、日本人であるから、日本人でしょ、と全くケアされない。日本に来る「移民」の中には、日本人もいるということも忘れてはいけない。見た目が明らかに外国人の場合は、日本語をそれほどは求められなかったりするが、それも問題で、大人になっても困らない高度な日本語を勉強するように、適度に緊張感のある指導をする必要はある。逆に、容姿はいかにも日本人で、日本語がしゃべれないと、なんで、ということにもなる。

私はドライブモード社にいた時、海外からの人材採用もやっていた。その時思ったことがある。まず、日本に来て間もない人たちは、銀行口座を開くのが大変だということ。大手銀行は口座を開いてくれない。三菱ＵＦＪ銀行では、就労ビザがある状態でも口座が開けない。比較的新しい銀行、例えばＳＢＩ新生銀行とかで口座をつくることになる。それから、住まい。住まいに関して、外国人には物件を貸さないという暗黙の決めごとがある。それに対応して、来日したばかりの日本語ができない人に、外国人入居可能な物件リストを既につくっている不動産屋に行って、なんとか住まいを確保することから始まる。在留資格の取得をはじめ日本の諸制度を教えたり支援したりする会社があって、ドライブモード社もその手の会社にお任せなのだが、外国人には貸さない賃貸物件のオーナーという存在を知る。外国人に貸さない理由は、保証人問題、いつ帰国するか分からないので長期的に契約できない恐れ、コミュニティの中で上手く生活できるか、ゴミの仕分けができるかといった疑念に起因するのだろう。

◆世界が小さくなるようなことはしない方がいい

自分が育ってきた地域で、非行に走って逮捕されて、少年院に入って、その後もっと重大な事件を起こした日系人の子も見てきたが、当時は普通の子という感じだった。でもその子たちは疎外感を感じていたのだと思う。なかなか日本に馴染めない子たちだった。日本人という存在に対してイヤだという感情を持っていた。だからその子と仲良くしている子はブラジル人やペルー人だった。たぶん、私のような経験がなかったのだろう。日本人の先生の言うことも信用しない。彼らは、日本はイヤなところだと思っている。敵意すら持っている。疎外感をなくす方向にではなく、むしろ強くする方向に進んでしまったのだ。

そういう境遇にある人には、社会で自分の味方になってくれる人は必ずどこかにいるし、差し伸べてくれる手はなるべく掴んだ方がいいよ、と言いたい。

非行とか、悪い付き合いに、何とか巻き込まれないで欲しいと思う。例えば、学校が「合わない」場合は、親に相談するとか、引っ越しをするとか、いろんな手段はあるので、無理に自分を追い込んで、ヘンなところに行くよりは、別の解決策が必ずあるから、そういう別の策を考えて欲しいと思う。この辺のことは本来、先生や親に言うべきことかもしれない。

もう一つ私が後輩、そしてこれから来日する若い人に言いたいのは、打ち込めるものを探して、それを突き詰めて欲しいということだ。そうすると自ずと社会に溶け込める。スポーツでもコンピューターゲームでもいい。それに打ち込むのだ。すると世界が、社会が拡がる。自分が好きでやっていることを粘り強く続けて欲しい。それには、言葉が重要である。

例えばスポーツを通して、あるいは芸術を通して、社会に溶け込んだ子を、私はたくさん見てきた。さらに進むと、また違うコミュニティに到達することもある。世界がどんどん小さくなるようなことはしない方がいい、とアドバイスしたい。育って、芸術に進む学生を多く見てきたので、自分の好きなことに打ち込んで、そこから社会に飛び込んでいく、ということを伝えたい。目標を持つ、というのではなく、今やっている好きなことを少しずつでも続けていると、どこかのタイミングで、あっ、これはもっとやりたい、これもやりたい、とどんどん面白さや知識も深まり、領域も広がると思う。

日本に来た子供たち、いわゆる帰国子女の子供たちも含め、その最初の六カ月間を、またまいい先生に出会えたというのではなく、制度として適切な支援がなされるといいと思う。もちろん支援が必要ない子もいるだろう。しかし最初の半年間が重要である。半年間のその経験があれば、不登校や非行化は減るはずだ。

井手口（いでぐち）カーレン睦美（むつみ）　行政書士

一九九三年、横浜市生まれ。日系三世。沖縄県宜野湾市、群馬県太田市で育つ。京都外国語大学卒。大阪の貿易会社に就職。結婚後、鳥取県の町役場に勤めながら、二〇二一年、行政書士資格を取得。翌年太田市に「am国際行政書士オフィス」を開設。二〇二三年からはNPO法人ABCジャパン群馬支部のコーディネーターも兼務。日本国籍。

「世界は広い、ブラジルを嫌いになるな」

◆ポルトガル語を話せないブラジル人の私は何者なのか

一九九〇年に母がブラジルから来日した。両親共に日系二世で、母は琉球大学に日本語の勉強のために留学で来て、その後横浜に移り、事務系の仕事をしていた。父はブラジルで飛行機の設計の仕事をしていた。父の出身地域には飛行場とか飛行訓練所があり、そこに職場があった。日系の人も多くそこで働いていた。しかし当時のハイパーインフレーションはすごくて、日本に出稼ぎに行った方がいいと父は判断して来日、横浜で配管工として働いていたようだ。

そして横浜で、日系ブラジル人の二人が出会い、結婚し、私が生まれた（笑）。母方は沖縄、父方は熊本と鹿児島。沖縄と九州は歴史的にもあまり仲が良くないので、周辺は結婚に反対だったらしい。しかし可愛い孫（私だが）が生まれたことで無事雪解け（笑）。両親共に健在で今は群馬県の太田で暮らしている。

私は、小学校は沖縄。中学、高校が群馬県太田市。小学校時代は、母が祖母と一緒に沖縄の那覇市でブラジル料理の店を営んでいた。一方、父は単身群馬で仕事をしていた。私が中学校に上がる時、父が群馬で家を買ったこともあり、沖縄のブラジル料理の店をたたんで、母と私が群馬県の太田に来た。

物心のつく小学校時代、顔は日本人だけど、掲示される名前が一人だけアルファベット、あるいはカタカナだった。当時周りには外国人やハーフの人がいなかった。なんであなたは顔は日本人なのに名前がカタカナなの？　とみんなから言われ、私は私で納得して答えているわけではなく、ブラジル人だからだ、と答えると、さらに、なんでブラジル人なの？　と返された。そのやりとりが、本当にイヤだった。幼心に、ずっと疎外感を感じていた。ブラジル人じゃなくて中国人じゃないの？　とも言われた。沖縄は、おおらかなようで閉鎖的なところもあって、友達の親の、私を見る目があまりいいものではなかったのを、子供なりに感じたこともあった。

父はブラジル時代、午前中は現地のブラジルの学校へ通い、午後は日本人の集まる寺子屋みたいなところで日本語を勉強していて、漢字の読み書きも得意で日本語も流暢に話せたようだ。しかし、母はブラジルでずっとポルトガル語を学び、それで育ってきて、日本語はせいぜい家で母の父親と話すくらいだった。だから帰国後も、母の日本語はカタコト気味だった。私は、母が参観日なんかに学校に来ることを恥ずかしいと思っていた。母は性格的には社交的なので、周りの人に話しかけるのだが、顔は日本人なのにカタコトの変な日本語、ということで目立ってしまう。部活でバレーボールをやっていて、母が迎えに来てくれることも多かったのだが、友達に母を紹介することもあまりしなかった。逆に祖母が来てくれるのはうれしかった。

　みんなから唯一憧れられたのは、母がブラジル料理屋を営んでいて、丁度その頃「FC琉球」というサッカーチームが発足し、そこにはラモス瑠偉（ルイ）がコーチとして来ていて、父はそこで時々通訳をしたりしていたこともあって、母のブラジル料理店によく来てくれたことだ。おかげで店でラモスと一緒に写った写真がいっぱいあって、それをランドセルなんかに貼っていて、みんなには少し自慢できた（笑）。その時は、私ブラジル人だからサ、って感じだった（笑）。

　太田の中学校に移ると、今度はブラジル人が多かったのだが、ブラジル人はポルトガル語を話すし、顔もブラジル人っぽい。日系ブラジル人だけど日本人の顔じゃない、と私も複雑な思いを持った。ブラジル人はブラジル人でツルんでいて、ポルトガル語を話せないブラジル人の私はブラジル人ではないのか、と考えることもあった。私は何者なんだろう。その後の学校生活は、どっちつかずで過ごした。

◆助手席で聞いた父の説諭

高校ではマレーシアに行く修学旅行があった。日本のパスポートを持っている人はビザも要らないので、先生たちがまとめて手続きしてくれるのに、ブラジルとかペルーの子は、個別に呼び出され、学校を休んでビザの申請等々、自分でやって来い、という対応だった。みんなと違うんだな、とそこでも思わされた。ビザの取り方も分からなくて、両親も仕事を休んで悪戦苦闘してくれた。外国に行くのはこんなに大変なんだ、と思った。マレーシア旅行はとても楽しかったのだけど。

高校は伊勢崎高校のグローバルコミュニケーション科という特殊な学科で、英語がメインで、第二言語が選べるカリキュラムで、その中にはポルトガル語もあって、家でも聞いているし、いい点数が取れるぞという下心で、ポルトガル語を選択した。実際授業を受けてみると、思っていた以上にポルトガル語は難しくて、英語より難しいじゃんって思った。出された宿題は、発音でも文法でも待ってましたとばかり父母が教えてくれた。沖縄時代は祖父母からいろいろ教えてもらったが、両親から教わるというのは初めてだなあ、と妙に感動した。学ぶ姿が可愛らしい、と両親は喜んでいた（笑）。私がポルトガル語を勉強することを、こんなに喜んでくれるのだと少し驚いた。

高校時代は電車通学ということもあって、朝起きられなくて、時々学校を休んだ。音楽のバンドや趣味のカメラとかにハマっていたこともある。幾分遅い朝でも、車で送ってやるから学校に行け、と父が言うので、渋々車に乗ると、父は、外国語を学ぶことの良さ、外国に出て行けることの良さを語った。それは父の半生を思えば理解できた。もう一つ大事な発見があった。父が使える三つの言語のポルトガル語、日本語、英語、それぞれを使う時、父は全く別人になるんだと。ポルトガル語を話す時の父はブラジル人で、ジェスチャーも表情も、連発する冗談の言い方も、相手を笑わそうとするのもブラジル人だと。でも日本語をしゃべる時はすごく日本人的なのだ。相手を敬っている感じ、相手に合わせた話し言葉、敬語もそうだが相手との距離の詰め方とか、振る舞いとか、やはり冗談の言い方まで日本人になる。ちょっと堅い感じ。英語は海外に行った時とか、例えば空港の売店なんかで、当たり障りのない情報の伝達として使う、いわゆる「第二言語」もしくは「外国語」なのだ。父に限らず母もそうだが、母国語は日本語、もしくはポルトガル語で、それはその場、その場で自分なりに、上手く使い分けていたのだろう。

言葉で話すことで、相手の心に触れることができるとも、父は言った。これからＡＩがいくら発達しても、それはできない。言葉を身につけて世界を見ること、そして視野を拡げ、自分の人生を楽しむことだと諭してくれた。父は、自分は移民の子であり、ブラジルで育ったことも良かったし、その後日本に出稼ぎに来て日本で暮らしたことも良かったと。高校になってもブラジル嫌いを口にする私に、車中でキッパリと父は言った。「世界は広いし、学校社会という小さい世界でしか生きてきていない者が、ブラジルを嫌いになるな」

◆ブラジル留学でブラジルが好きになった

大学は京都外国語大学に行った。一転して、周りの人は外国が好きな人ばかりだった。私のミドルネーム、カーレンに関しても、羨ましがる人ばかりだった。自分で勝手にミドルネームをつける人もいた。そういう仲間と勉強し、ブラジルに関連する行事を一緒にやったりすることで、一層仲良くなっていった。その頃には、「カーレン」と呼ばれるようになっていた。カーレンはずっと隠してきたくらいだから、呼ばれると恥ずかしかったが、呼ばれることで愛着が湧いてきた。弁論大会なんかで自分の名前についてポルトガル語でスピーチしたこともあり、自分がブラジル人であること、日系ブラジル人であることを、人前で言えるようになっていった。

大学四年時には、必要単位を既に全て取得していたので、ブラジルのサンパウロ大学に留学した。移民博物館を手始めに、移民政策、あるいは奴隷制度、黒人文化等に関する諸々の博物館や美術館に通った。その領域に惹かれる自分を再確認した。移民に関しても、日本から見る歴史とは異なる、ブラジルから見る歴史を学ぶことができた。そして、祖父母がブラジルに渡った一九六三年頃は、今と異なり、ブラジルに関する情報も極めて限られていたであろうし、四十日以上かけて行く船の旅も大変な勇気を要したろうと思った。両親にしても、そんなに日本語ができて日本に向かったわけではない。未知の世界で働いて生きていこうとした二代の先祖に、ブラジルの地で敬意を感じずにはいられなかった。これらの人たちの下に生まれてよかったと素直に思った。

それは「出稼ぎ」の歴史や移民のルーツ等を学んだことに因るのだが、学ぶ途中は、自分も当事者でもあるので辛い作業だった。移民等に関する映画を観たり、時代背景を調べたりし、政策や法律は少し楽観的に見過ぎていたのかなとは思った。弟も妹も大学を卒業し、今では社会人だが、ブラジルにも何度か訪れていて、かつては嫌いだったブラジルを今では好きになり、隠していたミドルネームも、私がブラジルから帰った頃から、それぞれ使うようになった。

◆行政書士になった理由

二〇一五年に大学を卒業し、大阪の貿易商社に入社し、海外出張に行くにもブラジルのパスポートではビザの取得が難しいので考えておいてくれ、と会社の人から言われたが、私自身も以前から帰化しようと思ってはいた。私の記憶では、住民票に登録できる「通称名」というのが、その頃はまだなくて、銀行通帳はアルファベット表記「Ideguchi Karen Mutsumi」、健康保険証は日本語「井手口睦美」、行政関係の書類ではカタカナ表記「イデグチ　カーレン　ムツミ」というバラバラな有様だった。自分自身も、自分の名前をどう書いたらいいか分からない時期が続いた。メンドクサッ、と何度も思ったが、ブラジルで気付いたこともあって、それは大目にみようと自制した。

もう一つ、アイデンティティ問題は依然自分の中にあって、ブラジルは、自分の中では受け入れることができたが、日本社会ではまだマイノリティで、自分自身は宙ぶらりんだと感じていた。ブラジルでは日本人と言われていて、日本ではブラジル人と言われ、どこに母国はあるのだろうと思った。それでも、ブラジルとも「和解」したし、そろそろ日本に帰化しようという結論に至ったのだ。

帰化申請の書類を揃えたり、書き込みを始めたのはいいが、膨大で煩雑。私の両親も祖父母も日本人なのに、日本人の血しか流れていないのに、なんでこんなことをしなきゃいけないんだろう、と何度も煩悶した。預金もあり、収入もあり、きちんと納税していて、年金の滞納もなく、事故やトラブルもなく犯罪歴もない、ということ、あるいは家族関係を一つひとつ証明していくのだが、日本で生まれてずっと日本で育ってきたのに、何を今さらというか、屈辱感に苦しめられた。

帰化申請の途上で、この煩雑な手続きの根源になっている法律に触れることになった。これはどういう意図で聞かれているのか。例えば戸籍法の元々の条文を知りたくなった。それらに触れていると、だんだんとそれらについて知らない人は多いだろうな、とも思った。帰化に関することもコミュニティで聞くと、誤っていたり、中途半端なことが多かったので、それじゃあ、自分で勉強するか、となっていった。さらに、法律を知り始めると、あるいは法律を上手く使うことができると、生きやすくなることを知った。同じことで悩んでいる人が多いのは分かっていたので、いい情報を発信したいとも思った。そのためには、ハクを付けるためにも、法律系の資格を取ろうと思った。日本国籍を二〇一八年に取得し、二〇二一年には行政書士試験に合格した。翌年、群馬県太田市に、行政書士の事務所を開設し、さらに今年からはNPO法人ABCジャパン群馬支部のコーディネーターとしても活動している。

◆宙ぶらりんのアイデンティティでいいのだ

私は今、二つのパスポートを持っている。日本とブラジルだ。日本国籍を取得しても、ブラジルでは、憲法上、国籍離脱が認められていない。二つの国籍を有することは、他の人にはできないことでもあり、私にある種の「特別感」を持たせた。ずっと感じていた疎外感から脱し、そこでやっと、宙ぶらりんでもいいんだ、と確信できるようになった。自分のアイデンティティはどちらでもあると思っている。ここに至るまでには、結構いろいろあった。辛いこともあった。

同じ境遇にある若い人や後輩には、このような問題に時間を費やすのではなく、もっと自分のやりたいことに注力して欲しいと思う。そのためにも、それぞれの人が持つ懸案や問題を、一緒になって乗り越えるサポートをしたいと思っている。そのための事務所開設なのだ。

今回この本でも紹介されている安富祖美智江さんとも、平野パウロさんとも面識があり、お会いしてランチすることもある。お二人から教わることは今でも多いが、お二人と私には少し異なる点がある。それは、お二人は日本語がほとんどできない状態で来日されているが、私は日本で生まれ、日本語で育った。お二人と同じ境遇の人は現在も多くいて、そのハンディキャップというか、それをクリアする苦労は並々ならぬものがあっただろう。それを乗り越えた努力に敬意を抱いているが、一方で、日本で生まれ育った日系人は、逆にもっと宙ぶらりん状態であるとも言えるように思う。変な話、私たちはその人たちと比べられると、ある種の劣等感を感じてしまうのだ。その人たちを前にすると、隠れたい気持ちになってしまう。少なくとも私には、そういう感情が以前はあった。

今でも言葉で、アイデンティティで、仕事のことで、制度や法的なことで、困っている日系人、外国人は大勢いる。隠れるように暮らしている人もいる。そのような人は日本にもいるが、ブラジルにもいる。日本にいる人に限らず、ブラジルに帰国した人も含めて、同世代の人たちと、後輩向けのオンライン・サロンでもないが、インターネット上で、「学び合える場」をつくりたいと思っている。もちろん本業である行政書士として、外国人のサポートをしていくことは言うまでもない。せっかく日本を選んでやって来たのだから、お金を稼ぐだけではなくて、自分の人生を有意義に生きて欲しいと思う。より良く、生きやすく、そのためのサポートをしていきたいと思う。

私はブラジル人でありながら、以前はコーヒーが飲めなかった。でも今では自分にも飲めるコーヒーを見つけて、自分で焙煎して飲んでいる。昔、日系人が従事し、時代を経て大規模に営んでいるコーヒー農園があって、世界中に広く流通しているが、その人たちと協力し合って、焙煎方法もそうだが、付加価値を一層高めて、多商品化、ブランド化することができたらいいなあと思っている。そうすると、ひいてはブラジルに貢献することができると思うのだ。それは夢だが、少しずつ実績を積んで、その夢を実現させたいと思う。

◆日系人と日本社会が相互に刺激し合えるといい

群馬県大泉、名古屋、静岡等の、ブラジル人街があるところの日系四世の人たちは、ほとんどポルトガル語だけで生きていく社会になっていて、そこにはレストランも学校もスーパーも、ひととおり何でもある。そうなると日本語を話す機会も必要もなくなる。ブラジルにいる四世の人たちは、それ以上に日本語を使わない。二世、三世あたりの人たちは、先ほど触れたどっちつかずのアイデンティティを有しているのだが、四世はもう「ブラジル人」というべきであるような気がする。日本人の血は流れているが、日本語はしゃべらない、しゃべれないブラジル人というべきだろう。

ブラジルで育った三世、四世の人は、自ずとブラジル人っぽくなっていて、まず計画性がない。計画性がないというのは、例えば、日本に行きたいとなると今行きたい、となる。目的を果たすために粘り強く努力する、ということはあまりないように思われる。大泉町で感じるのは、これだけポルトガル語が溢れていてはダメだ、ということ。自治体行政が手厚くサポートし過ぎていることが、日系人の、あるいは自治体そのものの首を、自ら絞めているように私には思われる。ＡＢＣジャパンの集まりで、神奈川県の鶴見にも行くことがあるが、そこにはブラジル人学校もなければ、ブラジル人向けのスーパーもない。それだと、日系人の人たちもどうしても日本語を勉強せざるを得ない。そうして実際、日本語が上達し、日本社会に溶け込んでいく日系人が増える。大泉と鶴見の違いから学ばなくてはいけないと思う。

「帰化」と「永住」の問題だが、今は、「帰化」の方が「永住」よりも簡単に申請できるような感じだ。「定住」の人が「永住」を申請するのなら、「帰化」申請した方が容易のような感じである。「帰化」と「永住」とは、「日本国籍」と「在留資格」の大事な問題なのだから、もっときちんと区別させる方がいいと思う。

ブラジルから来たブラジル人っぽい三世もいれば、私のように日本生まれ育ちの三世もいる。純日本人の人もいれば、「混血」の人もいる。多種多様の日系人がいるのだが、「定住」「永住」の条件にも日本語の習得は取り入れて欲しい。

私と同世代の人たちには、リーマン・ショックで日本からブラジルに帰国した人たちも多くいて、その中の一人は、これだけは後輩に伝えたいと言った。「育った日本からブラジルに帰って来るのは、それまではネガティブな印象だったが、実際帰ってみると、日本以上に世界は広いと実感した。どんなことがあっても、自分の努力次第で道は開ける」と。

日系ブラジル人は、「ハングリー精神」を実は心の一角に持っているような気がする。周りを見ていても、何かやってやろう、という人は多い。私もその一人で、独立したのもそれなのかなと思う。日系四世を受け入れるというのは、日本社会にとっても、プラスになるのではないかと私は思う。日本の血とそれに外部の要素も加味した四世を快く迎えたいと思う。日本で働き、暮らす以上、日本語は必須だが、相互に刺激し合えるとさらにいい。また、それはできると思う。

照屋（てるや）・レナン・エイジ　弁護士

一九九二年、サンパウロ生まれ。日系三世。二〇〇〇年、母親と来日。埼玉県川越市内の小中学校に通う。男子高校を経て、名古屋大学に進学。法科大学院に進み、二〇一六年司法試験合格。ブラジルの二宮正人法律事務所で研修。二〇一八年、弁護士資格を取得し、現在名古屋市内の「大嶽達哉法律事務所」に所属。

「子供たちに疎外感を持たせないために」

◆息苦しい中学校に反発を覚えた

私は、一九九二年にサンパウロ市で生まれた。二〇〇〇年にデカセギの母と一緒に来日した。八歳の時だ。「照屋」から分かるように、母は沖縄出身の両親を持つ日系二世で、私も沖縄には思いがある。

埼玉県川越市内の小学校に転入したが、いわゆる外国籍とわかる児童は私以外にはいなかったので、浮いていた(笑)。日本語ができないことに加えて、人見知りでもあったので、三年生のクラスメートを前に初めて自己紹介する時は、泣き出してしまった。祖父母は日本語ネイティブなので、ブラジルでは日本語で話してもらってはいたのだが、クラスメートに話す語彙はなかった。でもクラスメートは寛容で、ドッジボールやサッカー等の遊びを通して、日常会話的な日本語を少しずつ覚えていった。

日本語の読み書きには苦労した。「読み」の方が先にできるようになったのだが、「書く」方が大変だった。「書く」勉強というか練習は、試験とか受験とかの要所要所で、やったとしか言いようがない。大学受験での小論文や、司法試験でも論文があるので、それぞれ必要に迫られて努力したというのが正直なところだ。

母は仕事に追われていて、私は「鍵っ子」だった。学校から帰ってからは家でテレビを観ることが多かった。中でもユースケ・サンタマリアが弁護士役を演じるテレビドラマの再放送はよく観た。丁度その頃「逆転裁判」という面白いゲームソフトもあった。それで弁護士という面白い職業があるんだと脳裏に刻まれた。

中学校に進むが、その地域の子供たちがそのまま進学してくるような学校で、保守的というか、私にとっては息苦しい雰囲気が続いた。A先輩がお前呼んでたぞ、みたいな、先輩後輩の「秩序」も息苦しい理由の一つだったし、先生たちも管理したがっていた。中学校の運動部系の部活動にその典型があったように思う。小学校とは全然違うなあ、と思った。空気が重い感じだった。私の性格にも因るのだろうが、イヤな雰囲気だった。三年生を送る卒業式の練習でも、在校生としてみんなの手がきちんと揃うまで延々やる、という徹底ぶりには驚いた。それらに対しては反骨精神が湧いてくるほどだった。

勉強も付いていくのが大変だった。それと同時に、将来のことも考えるようになったが、極めて悲観的だった。将来について相談できる先輩も、場所もなかった。母は食品メーカーの工場で働き詰めだった。病気で仕事を休めば、クビになるので、少々熱があろうが、お腹が痛かろうが、働いていた。外国人が弱い立場で働かざるを得ない状況を見て、段々と弁護士を目指すようになった。母は日本語を頑張ったこともあって、今は愛知県内のメーカーの正社員として働いている。

◆自由な環境の下で「弁護士」に向けて邁進した

そして、二〇〇八年に豊田市にある杜若（とじゃく）高校という私立高校に進学した。豊田市の外れに位置する、おおらかな男子校だった。まわりには外国籍の生徒はいなかった。中学と違って、全然自由だった。すごく楽しかった。先生も良かった。高校に行って、変わったのは、みんなが分け隔てなく受け入れてくれたことだ。こっちが入っていくというより、普通に日本語をしゃべっていて、全然違いはないいんだ、みたいな。

学校の先生も、ブラジル人がどうのとか関係なく、成績が良くないのなら、勉強頑張って、目指す大学へ行こうよ、というスタンスだった。ブラジル人だから、無理だろとか、そんなのは全くなかった。私は気持ちがラクだった、疎外感はなかった。大して成績は良くなかったものの、学費のことも考えて、国立の名古屋大学の法学部を目指すことにした。

高校三年間頑張って、二〇一一年に現役で合格することができた。

名古屋大学でも普通に受け入れられた。同じ入試を受けてきたという「共通項」もあった。あなたと私は違う、という意識がグループ内にあると、爪弾きにされる人が出てくる。その環境の問題なのだと思う。個人が馴染めてないからダメとか、努力してないからダメ、なのではない。心を開いてないから仲良くなれないんだ、と言う人もいるが、心を開きたくなるグループなら心を開く。心を開いても、怖いとか、イヤだとか、イジられるとか、があれば、心を開きたくならないだろう。表層的な仲の良さには敏感なのだ。鶏が先か卵が先か、ではないが、私は環境づくりが先だと思う。

大学では「法律相談所」というサークルに入った。日本人の相談者ばかりで、外国人からの相談は、在学中、残念ながらなかった。外国人は誰に相談しているのだろうと素直に思った。

その後、法科大学院に入学した。司法試験を目指して、人生で一番勉強した。名古屋大学を目指した高校時代のそれとは比較にならない(笑)。二〇一六年、司法試験に一回目で合格することができた。

来日して十六年、ポルトガル語を忘れてしまっていたので、司法修習を一年延期することにして、墓参も兼ねて、ブラジルに一時帰国した。サンパウロにある「二宮正人法律事務所」で半年間研修を受けた。会社法のチームに所属し、事務所にある記録を読んだり、イベントに参加したり、休みにはあちこち出掛ける遊学だった。ゆったりした雰囲気がとても良くて、もっとこっちにいたいなあと思ったほどだ。

◆外国人に立ちはだかる障壁や差別と格闘する

日本に戻り、一年間の司法修習を終え、卒業試験を受けて卒業後、晴れて弁護士になった。二〇一九年にポルトガル語とスペイン語に対応できる、名古屋市内の「大嶽達哉法律事務所」に勤務し始めた。この数年格闘した案件を少し紹介してみたい。

交通事故の相談は多く、日本の保険制度は複雑で、説明して理解してもらうのが大変だった。また、ブラジル人は愛車への思い入れが強く、十万円の価値しかない車の修理に百万円かかることもあり、苦労もあったが勉強になった。

労働災害に関しては、いわゆる3Kの現場での災害が多かった。機械の使い方の説明や指導が不十分で、不幸にも事故に遭うことが多く、回復する怪我ならまだしも、指や腕を失ったりとか、後遺症の残るものは深刻だ。日本企業の見舞金は概して不十分である。後遺症が残った場合は、ビザの更新が困難になるし、労働基準監督署とのやり取りも難しいものになることがある。何かあった場合、ユニオンに相談する人も多く、そこで解決できればいいが、モメて、お金だけ取られて、どうしようもなくなって弁護士のところに来るケースもある。

日本で離婚する場合、日本の裁判所だけでは済まず、ブラジルの裁判所にも離婚の訴えを起こす必要がある。特に子供がいる場合、日本では父親か母親かどちらかの単独親権だが、ブラジルは共同親権である。また、例えば家庭内暴力とかで、離婚の原因が日本で発生した場合、日本とブラジル両方の裁判所での審判が必要になってくる。

企業法務としては、会社登記のお手伝いをしたりする。一般的に言うならば、ブラジルでの契約書が大変細かいのに対して、日本のそれは、ある程度モデルがあり、それに修正を加えながらお互いに同意を得るというスタイルである。最初は私も、ギャップを感じた。

外国人は、刑事裁判になると、ビザは取り消しになる可能性があるので、通訳の役割が非常に大事になる。しかし司法通訳は国家資格を必要とするものではない。誤訳をすれば、被告人は発言したのに言ってないことになったり、あるいは言ってないことを言ったようになったりして裁かれてしまうリスクがある。弁護士が丁寧に長く説明したものを、通訳が「要約」してしまうこともある。これまで扱ってきた事例で、教科書どおり展開したものは一つもない。

入国管理局に関しては、在留資格が二十種類以上あって、非常に複雑である。また、ビザを失くしてしまった場合は、出国しないと入管に収容されてしまう。もう一つ、薬物に関して日本は大変厳しいから、使用するとビザを即取り上げられてしまう。

労働契約をはじめ、契約書を作成することは多い。しかし、契約文書が日本語だけしかないことが往々にしてある。ポルトガル語の説明文すらなく、口頭での説明だけということがよくある。名古屋では今や、ブラジル人もポルトガル語もマイノリティではなく、既に多くのブラジル人を雇用している会社でも、ポルトガル語の契約書、説明書を用意していないのは、問題だと考えている。派遣会社はたくさんあるのだが、日本語だけのところが大半だ。派遣会社と交渉しようにも、最初から外国人を軽く見ていて、門前払いみたいなことが多い。ポルトガル語の文書でください、と言っても、その会社側の通訳が口頭で内容説明して、終わりになる。しかも適切に通訳しているかどうかも疑わしい。その契約書のコピーすら渡されない場合もある。内容を理解せぬまま、サインさせられることもある。当然、後になって労働基準監督署で揉めることになる。

ブラジル人は、外国人は、と言ってもいいが、派遣会社を介しての非正規雇用が大半で、長年日本で暮らしてきた人の中にほんの少し、正規社員の人がいるくらいの比率だ。三カ月、最近では二カ月、ひと月もあるが、更新期間を設けて、何か問題があるとすぐに「切れる」ようにしてある。その期間を一年とかにはしない。妊娠したとか、ケガをしたとか、コロナにかかったとか、そんなことがあれば、三カ月とかの短い契約期間の中でカタをつけて、更新はしないということだ。何ともズルい派遣会社のやり方だと思う。

現状、明らかに外国人は差別されている。何か問題が起こっても、日本人なら話を聞いてもらえるのに、ブラジル人だということで取り合ってもらえないことがある。あるいは、ブラジル人だったから騒ぎになったが、日本人が同じことをやっても問題にならないことだってある。ブラジル人として私もはがゆいし、悲しい気持ちになる。

通訳も翻訳者も、弁護士も、数が足りない。英語や中国語のそれらはまだいい方だが、ポルトガル語対応の三者は、全く不足している。何か事件や紛争が起こっても、身を守ることもできない。普通の人が受けられるサービスが、受けられない。これはつまり、安心して暮らせないということだ。言葉や文字に絡む障壁も高く、大きい。私は、弁護士として、そして在日ブラジル人として、その障壁をなくす努力をしたいと思う。

◆先例をつくることで後輩の人たちに伝える

私は、若い、あるいは子供世代の在日ブラジル人や日系ブラジル人に頑張って欲しいと思っているが、日本の環境がそれにマッチしているか、大人や親の世代がきちんと環境整備に気を配ることが大事だと思う。若い人たちには、やりたいことがあればそれをやり続けて欲しいと思うし、我々の世代も含む上の世代の人たちが、やろうとしている若者の邪魔をしないような環境をつくっていかなくては、と思う。

在日ブラジル人で医師になった日系人にお会いしたことがあるが、ブラジル人でお医者さんできるの、というような色眼鏡で見られる、とも言っていた。また、日本のブラジルコミュニティでは、どうせブラジルに帰るんだし、ウチの子はそんなに勉強できないし、高校に入ったらアルバイトして欲しいし、大学は授業料も高いから行かなくていいし、といったような親の意識の家庭もあり、その中で頑張れる子供が果たしてどれだけいるのか、と思う。子供が頑張れるかどうかは、家庭等の環境にも左右されるが、私は子供たちには、好きなことをやっていいよと言いたい。

大手を振って勉強してください、大学までちゃんと行けるからね、そういうメッセージがあると、全然違うと思う。私の時は、高校も、大学もそうだが、進学に関するロードマップが全然なくて、センター試験って何？　内申書って何？　という感じだった。地元から進学する人たちは先輩コミュニティがあるので、あの高校だったら、偏差値がどうの、内申がどうのといった情報が入ってくる。あの高校なら、あの先輩が行ったから、この程度かな、といったようなレールの痕跡がある。外国籍の場合は、そういう共通の情報がないので、どこにどのように進めばいいのか、本当に分かりづらかった。モデルがなかった。そして今、ささやかながらモデルになれたかもしれない。私の次のブラジル人弁護士が現れたし、さらに現在、司法修習生もいる。

日本の社会や日本の人には、外国人を排斥しないで欲しい、手を差し伸べて欲しいと思う。ブラジル人には「義理人情」があり、ブラジル人は、日本人は優しいと思っている。ブラジル人が困っていたら、話を聞いたり、相談に乗って支えてあげて欲しい。

第二章　在日日系人三十年の歴史から学ぶべき教訓

この章では、自らを「在日ブラジル人一世」と呼ぶ、アンジェロ・アキミツ・イシ（Angelo Akimitsu Ishi）武蔵大学教授の「三十年を超えた在日ブラジル人のプレゼンスの意義や彼らを受け入れた日本社会に対する提言」と題する一文を記したい。

アンジェロ・アキミツ・イシ武蔵大学教授の提言

私はサンパウロ生まれの日系ブラジル人三世だが、ちょうど出入国管理および難民認定法が改正された一九九〇年に日本の大学院に留学した。これは今の文科省、当時の文部省による国費留学制度の奨学金のおかげであり、日本への留学が叶ったのは、次の二人の恩人のおかげである。一人は当時、サンパウロで総領事を務めていた故・鈴木康之さんで、もう一人は、日伯両国の関係に多大な貢献をしてきたサンパウロ大学教授の二宮正人さんである。総領事館で受けた選考面接でお二人から受けた厳しくも温かい質疑やご助言は最高の「渡航前研修」となった。この場を借りてお二人への感謝の意を表したい。そして日本政府がこの素晴らしい国費留学制度を維持・拡充することを願う。なぜならば、地球の反対側のブラジルから私費で日本に留学することは、渡航費用等を含め、アジアの近隣諸国の留学生よりも大変なので。

これを明かすのは初めてだが、私はそれ以前に一度、日本留学への挑戦で挫折を経験していた。私の父方の祖父母は福岡県出身（ちなみに母の父は和歌山県、母の母は山梨県）だったが、私は一度、福岡県のいわゆる県費留学に応募し、落選した。後で聞いた話によると、県人会の活動へのコミットメントがいまひとつ及ばなかったらしい。各都道府県による県費留学制度も非常に有意義な制度ではあるが、これに成功していれば、一年限りの日本滞在で更新が不可能な県費留学生として日本を満喫してブラジルに帰国し、長期留学や延長が可能な国費留学へのチャレンジを断念していたかもしれない。

私が国費留学に応募した一九八九年は、一九九〇年の法改正によって、南米からの日系人が就労のために、多く来日し始めていた頃で、私はその前後からほぼ三十年間にわたって彼らのコミュニティ形成や文化活動を研究してきた。数年前から自己紹介では戦略的に「私は在日ブラジル人一世だ」と言うことにしている。国籍や出身はブラジルでも、日本社会の一員であることをアピールするための戦略だ。十年前には私の娘が東京の病院で生まれたが、彼女は「在日ブラジル人二世」であり、私も「移民一世」としてのアイデンティティをより一層、抱くに至った。

日本ではその後、ブラジル人向けのポルトガル語新聞で編集長を務めるなど、様々な仕事を経験してきたが、ここでは省略する。今は大学教員（武蔵大学社会学部教授）で、移民研究や国際社会学、メディア社会学を専門としているが、総務省、外務省、文科省などの多文化共生施策関連の有識者会議での委員も務めてきた。一例を挙げれば、共生社会づくりに向けて国としては初の試みとなった、二〇〇五年度設立の総務省の「多文化共生の推進に関する研究会」での指針づくりに関わった（詳しくは後述する）。

◆在日ブラジル人　増子利栄氏の場合

本稿執筆中の二〇二三年二月に、尊敬する増子利栄氏（João Toshiei Masuko）が静岡県浜松市で亡くなった。在日ブラジル人社会で最も尊敬されているリーダーの一人だったので、大きなショックを受けた。

増子さんについてはかつて、岩波書店の『ひとびとの精神史　終焉する昭和　１９８０年代』という本の中でその人物伝を書いた。在日ブラジル人の中から誰かを選んでその人物について精神史を書くという原稿依頼を受けた時、真っ先に思いついたのが増子さんだった。詳しくはその文章を読んでいただきたいが、増子さんの生きざまは日本に多くの日系人が働きに来ていることの意味（つまり、他の「外国人労働者」と異なって日系ブラジル移民の子孫が来日していることがどのような意味を持つのか）を考える上で示唆に富んでいるので、ここではその一部を紹介したい。

まず、彼は日本で最初は工場労働をしていたが、「起業」という手段で脱工場労働に成功した。しかも、人材派遣業に手を染めずにビジネスを成長させた点を高く評価する。私が知り得るほとんどの在日ブラジル人事業家は、どこかの時点において人材派遣業で大儲けし、それを資金源として他の事業を起こしているが、増子さんは希少な例外である。

次に、彼は在日ブラジル人の顧客だけに頼らず（エスニック市場に限らず）、広く日本人の消費者に向けて食品を生産・販売しようと心がけた。彼がパン工場で大量生産したブラジル風のパンは、今やブラジル系のショップのみならず、地元の大手スーパーチェーン店で販売されている。

さらに、彼は日本の行政、政治家、企業等との協働を通して、様々なボランティア活動や交流イベントの主催を通して、在日ブラジル人と日本社会の繋ぎ役や橋渡しに貢献した。代表的な活動として挙げられるのは、二〇〇八年の日本ブラジル移民百周年記念にちなんで、日本からブラジルへの「デカセギ移民」、すなわち在日ブラジル人の存在をアピールする手段として、「ありがとう日本（Obrigado Japão）」という大規模イベントを開催したことである。このイベントの趣旨は、彼曰く、「私たち（日系）ブラジル人を温かく受け入れてくださった日本社会への感謝の気持ちを表す」ことであった。むろん、彼の思惑はそれにとどまらず、同時に「これからも引き続き私たちを受け入れてください、よろしくお願いいたします」という気持ちが込められていたはずである。

東日本大震災の際にも、彼はオンリーワンの大事業を成し遂げた。多くのブラジル人が宮城県でのボランティア活動に専念するなか、彼だけは福島県へのキャラバンを組んだのだ。「みんな宮城県には喜んで行くが、福島は放射能汚染もあり、恐れられていた。福島以外ならどこにでも行くけれど、そこだけは勘弁してくれ、と断った人が大勢いたが、何とか五十一人のメンバーが集まった」

彼が福島にこだわった理由が、これまた日系ブラジル人らしいモチベーションである。「私は先祖が福島県出身なので、そこに行くべきだという使命感があった」

増子さんの出身県への郷土愛も感動的だし、誰もが恐れていた福島へのキャラバンを組んだことにも「素晴らしい」以外の言葉は思い浮かばない。

彼はまた、在日ブラジル人の「終活」問題についてもパイオニアであり、私がインタビューしてきた数々の人々の中で、唯一、「日本でお墓を買った」と明言している。灰になった彼は、まさにその墓に葬られたのだ。日本で骨を埋めてもいいと思える「外国人」はそう多くはないだろう。しかし「日系人」の場合、増子さんのように、日本で永眠することに抵抗も違和感も抱かない人は珍しくないだろう。

以上のとおり、増子さんはデカセギ移民の第一世代、私が言うところの「在日ブラジル人一世」のロールモデルである。日系人に扉を開いたおかげで、こういう偉大な人が来日できたという「ファクト」に注目願いたい。

◆在日ブラジル人の小史から見えること

一九九〇年の出入国管理および難民認定法の改正（入管法改正）は、日本経済の労働力不足を補うことを目的としていたという側面も否めないが、日系人が日本にとってかけがえのない存在であること、つまり特別な配慮を要する大切な人々であるという論理に基づいて制度設計されたという点は常に強調する必要がある。

私は常々、デカセギ移民現象の三十年史を、この現象がどのような言葉で認知されたかを頼りに振り返ってきた。そこからは、在日日系人の「集団的アイデンティティ」の変化が同時に浮かび上がる。日系人の日本への流入は次の四つの期間に区分できる。

一、「Uターン」から「出稼ぎ」へ・一九九〇年以前の時代
二、「出稼ぎ」から「デカセギ」へ・一九九〇年代
三、「デカセギ」から「定住／永住」（在日ブラジル人）へ・二〇〇〇年代
四、「定住／永住」（在日ブラジル人）から「在外ブラジル人」（世界におけるブラジル系ディアスポラの一員）へ・二〇一〇年代

この四区分の根拠や詳細については、多くの著書で論じてきたので、それらを参照願い

たいが、ここではいくつかのポイントをかいつまんで記したい。まず、第一に、ブラジルから日本へのデカセギ移住（日系人の就労を目的とした大移動）は一九八〇年代に、つまり一九九〇年の入管法改正より以前にすでに始まっていたことである。

次に、一九九〇年代には「dekassegui」（後に「decasségui」という表記が定着）はブラジルの新聞記事や国語辞書にも掲載されるポルトガル語の単語にまで仲間入りしたということである。つまり、「ブラジルから日本への日系人の移動」は、同時期に他国に渡航したブラジル人の海外移住とは区別される形でブラジル国民の記憶や記録に刻まれており、ブラジル史の一部にもなっているという点である。ということは、今後も日本政府が日系人に対してどのような受け入れ策や対応を取るかについては、常にブラジルでニュースや教科書に載る可能性が高いということである。日系人対策は、ブラジルで人々が日本に対して抱くイメージを左右し得る重大議題なのだ。

前述の四区分では二〇〇〇年代をデカセギから「定住／永住」への転換の時代として捉えているが、敢えて「定住／永住」と記した理由は、人によって将来計画が異なったり、同じ人でも意識が変わったりするからである。あるいはさらに突き詰めるならば、多くの人はそもそも自分が定住（今は日本だが、いずれはブラジルに戻る）を望んでいるのか永住（このまま老後も日本で過ごしていいと思っている）を望んでいるかを確信的に永遠のジレンマとして受け止め、決断のモラトリアムを貫いているからである。

そしてこの点が重要なのだが、定住か永住かを決めかねているとしても、彼ら彼女らが日本社会への統合を拒否していることを意味しないし、ブラジルという故国への想いの度合いを計る指数でさえない。定住組も、永住組も、そのほとんどは変わらずブラジルに対する強い想いを持ち続けている。それは日本に対するコミットメントと相反する、反比例することでも全くなく、併用可能である。いや、併用できた方が、つまり日本に居残りながらもブラジルを忘れない方が、両国の架け橋として活躍するポテンシャルは高まるはずだ。

したがって、四区分の最後のフェーズとして挙げている「在日ブラジル人から在外ブラジル人へ」というのは、決して日本社会の一員としての意識が薄れることを意味しない。多くの人は、日本社会の一員としての意識を保持しながら、米国や英国に移住しているブラジル人と同じように自分も「在外ブラジル人」の一員「でも」ある、と思っているのだ。

この足し算の論理、ダブルの発想こそが、私が日本の皆さんに求めたい発想の転換だ。

そこで、最後に、私からの日本政府・日本社会へのいくつかの提言を示すことにしたい。

◆移民にフレンドリーな社会に

移民受け入れ国としての日本にこれからいかなる心構えや具体策が必要か。これについては多くの論者が網羅的な提言を出してきている。そこで、ここでは日系人（在日ブラジル人）と深い関連を持つ問題と、私がぜひ変えて欲しいことを優先して、いくつか問題提起を試みたい。

◆多文化共生

外国人あるいは移民の受け入れとの関連で、二十一世紀に入って最も流行した政策用語の一つは「多文化共生」だろう。「多文化共生」をめぐっては様々な議論がなされてきたし、多文化共生社会の定義についても論者によって意見が分かれるが、二〇〇五年度に総務省が「多文化共生の推進に関する研究会」を立ち上げたことは（遅過ぎたという批判はさておき）画期的であった。その目的は、国として初めて全国の自治体に向けて多文化共生施策の指針を打ち出すことであった。この時、私は十二人の構成員の一人として、中国人の構成員一人と共に、「外国籍住民」の代弁という名誉と重責を背負う使命を担った。

当時はまだ、在留外国人統計の国籍別トップスリーが不動の「中国、韓国・朝鮮、ブラジル」であったが、韓国・朝鮮籍の代表者がこの有識者会議に招かれていなかったことも、「オールドカマー不在でニューカマー限定の不十分な多文化共生施策」という揶揄が正当化されてしまう客観的な事実の一つとして挙げられよう。

何はともあれ、それ以降はバブルのように国、県、市町村レベルで多文化共生施策が導入された。それによって救われた人々は少なくない。とりわけ「言葉の壁」については、日常生活のみならず災害時に情報が行き届くための多言語化が進められた。二〇一九年には日本語教育推進法が制定され、外国人の日本語学習がしやすい環境整備に期待が高まった。その前年の二〇一八年に「外国人材の受入れ・共生のための総合的対応策」を打ち出したことは有意義なことである。例えばその一環として、各地で十一カ国の言語での対応可能な多言語の相談ワンストップセンターを設けるという施策が公表された。翻訳や通訳の質を保証するためには、優秀なバイリンガルのスタッフが必要不可欠である。ブラジル人ならポルトガル語のバイリンガルスタッフとして、国内の「架け橋」的な活躍がここでも期待される。在日ブラジル人は多言語サービスの受給者でもあるが、多言語サービスの提供者にもなり得る。

しかし、日系人（在日ブラジル人）に目を向ければ、複数の局面において、あまりフレンドリーとは言えない対策が取られてきた。

◆帰国支援事業と再入国禁止

最も強い抗議の声が上がったのは、二〇〇八年のリーマン・ショック後に起きた雇用危機対策として打ち出された「帰国支援事業」である。当時は派遣切りが話題になったが、最も早く、そして多く雇い止めされたのがブラジルやペルーなどの「日系人労働者」であった。その理由は単純で、彼らは何十年働いてもその大多数が非正規労働のままであったからだ。数万人単位の失業者が突然出現したのを受けて、厚労省は二〇〇九年に一人当たり三十万円の帰国旅費を準備した。それ自体は人道支援として評価すべきことだが、その代償があまりにも大きかった。当初の発表では、その受給者は日本への再入国を禁じられるスタンプをパスポートに捺され、全く見通しの立たない「当面の間」は日本に戻れないという冷酷なルールであった。案の定、抗議の声が殺到したのを受け、直後に政府は「三年を目処に」再入国禁止を解禁するという緩和処置をアナウンスし、一旦抗議は治まった。ところが三年経っても一向に解禁されず、受給者からは悲鳴の声が上がった。解禁が実現したのはさらに一年以上後で、しかも十二カ月間の就労契約が証明できる者に限定された。この頃から、在日ブラジル人の間では、「日本はもう私たちのことを見限ったのか」という悲観的な意見が聞かれるようになった。

◆日系人及び永住者に対する空港での指紋採取

しかし、私はそれ以前から、日系人に対する水際対策が厳し過ぎると指摘してきた。例えばニューヨークの同時多発テロ（いわゆる九・一一事件）後、米国に倣って「日本版US-VISIT」が導入された。これは国際空港での入管でバイオメトリックスデータ（顔写真と指紋採取）を義務付ける処置で、新規外国人のテロリスト入国を防ぐ対策としては有効だと考える。しかし、なぜ再入国許可を得ている定住者や永住者にまで（そして「日系人」にまで！）、指紋採取を強制する必要があるのか？　私はいまだに腑に落ちない。私は「日系人」であるばかりでなく、とうの昔に「永住者」資格も取得済みだが、ブラジルに一時帰国して日本に再入国する度にこの指紋を採取されるという屈辱を味わっている。あまり知られていないが、特別永住者（主に在日コリアンが有する在留資格）は空港で日本人と同じ列に並べるので、この指紋採取を免除されている。つまり、客観的事実としては、この国においては「日系人」は初めて来日する「外国人」と同等扱いの厳しい出入国管理の対象となっている。私からの要望は、日系人や永住者の再入国許可保持者には、特別永住者と同様に指紋採取を免除することだ。

◆新型コロナウイルス期間中の冷遇措置

ちょっとした不便な手続きで文句を言うなよ、と反論したい人もいるだろうが、その前に新型コロナウイルスのパンデミック第一波時の水際対策を思い起こしていただきたい。この時にも、日系人、定住者、永住者ともに冷遇された。他のG7諸国が当たり前のように定住者や永住者の出入国を自国民と同等の条件で統一した中、日本だけは「日本人」と「外国人」の二分法を貫き（そして「日系人」は「外国人」と同等扱いとし）、出国した場合の再入国を禁じた。

そのため、多くの在日ブラジル人は身動きが取れず、日本とブラジルとの間で引き裂かれた多くの涙ぐましい家族ドラマが起きた。日本人と同様に、帰国前のPCR検査をさせれば十分なのに、日本国籍を有しないという理由だけで入国禁止というのは、日系人のみならず、日本でマイホームを購入し、日本で定職を持ち、当然ながら日本人と同様に納税し、日本に家族を持つ「外国人」たちを絶望させた（例えば、英字紙『The Japan Times』には、これに幻滅して日本を去る決心をした米国人の投稿も掲載されるなど、世界における日本の評判は落ちた）。

◆日系四世に対する非友好的な措置

フレンドリーから最もほど遠い日系人関連の対策は、二〇一八年に成立した日系四世のためのビザである。日系二世や三世が利用できた身分に基づくビザ設計とは大違いで、ワーキングホリデービザを踏襲した、特定技能一号並みの厳しい条件が課せられた。

年齢制限は十八歳から三十歳まで、日本語の語学力を必須とし、配偶者や家族は帯同不可、ビザも自己責任で申請できず、「受入れサポーター」を見つけて頼まなければならないという条件は、まるで申請を諦めさせるように仕向けているのではないかと思えるレベルの難しさである。一定の日本語能力を要求することには賛成だが、とりわけ「家族の帯同」禁止が多くの日系四世に来日を断念させていることが容易に想像できる。二宮正人教授を筆頭に、多くの著名人やブラジルの日系団体代表が諸条件の見直し（緩和）に尽力してくれているのでありがたい。ビザ発給の条件が限りなく二、三世に近づくことを願う。

◆二つの理想論

最後に、敢えて挑戦的な「理想論」を二つ述べたい。

（重国籍）

一つは、重国籍にもう少し柔軟になるという提言である。現行制度では、帰化申請をするには自国の国籍を放棄しなければならないので、たとえ親日家であっても、日本国籍取得をためらう外国人は少なくない。帰化しても他の国籍を保持できるようになれば、日本のことを気に入った外国人が日本国籍の取得にもっと前向きになるだろう。

（条件付き生地主義の導入）

もう一つの提言は、条件付きの生地主義の導入である。観光など短期滞在の外国籍者が日本で出産した場合は日本国籍を付与する必要はないが、日本に永住している外国人（特に日系人）が子供を産んだ場合、その子には日本国籍を与えるべきだ。少子化と人口減少に悩む日本にとって、それこそ日系三世が群馬県大泉町や愛知県豊橋市の病院で子供を産んでその子に日本国籍が付与されれば、統計上でも「日本人」が一人増えるし、アイデンティティ的にも「日本人寄りのグローバル人材」が育ち、いいことづくしのはずだ。

◆日系人受け入れの意義

先述した増子利栄さんの経歴や証言からも、「日系人」を受け入れることは他の「外国人」を受け入れることと意味が違うことに気付いていただけるはずだ。
日本がブラジルからの日系人を受け入れる意味や、そこから得られる教訓は多い。多くの日系人がその才能やポテンシャルを開花させたのは、脱工場労働を果たした後である。これは、日系人をいつまでも非正規・非熟練の代替可能な労働力として使い捨てるのはもったいないことを示しており、彼ら彼女らが秘める可能性、ブラジルでの学歴や職歴、オンリーワンのポテンシャルが活かされる、新たな受け入れ策が望まれる。

もう一つの教訓は、受け入れ社会があの手この手でご都合主義的に安い労働力（働き盛りの単身移民）だけを呼び寄せようとしても、一部の人は滞在が長期化し、定住化するということだ。たとえ最初はデカセギ目的の単身が多くても、その子供の教育や、高齢化した場合の福祉等も視野に入れた政策が必要だということが明らかになった。当初の計画どおりに貯蓄できなかった人々を無責任だとか無計画だとか（あるいは「失敗者」だと）揶揄する向きもあるが、どの国に移住したどの移民集団を見ても、「すぐ帰るつもりが、いつしか住めば都」というコースは珍しくなく、不自然でもない。

次に、たとえ主目的が貯金という経済活動であったとしても、日系人が来日する場合は、自覚的か無自覚かを問わず、一定数の人々が「日系人ならではの」モチベーションを持つということもこの三十年間で明らかになった。私はそれを「日本との絆」と呼びたいと思う。

私は一九九〇年代より在日ブラジル人を「人材の宝庫」として捉えるべきだと主張してきたが、まさにこれからの日本が必要とする究極の「グローバル人材」として捉えることができる。今一度、この三十年間、数十万人規模の日系人が日本での就労や生活を経験してきたことの意味を確かめる必要がある。

つい三十年前までは、生きた「ニッポン」が体験できた日系人はごく少数の留学生やビジネス関連で来日した人たちだけで、観光旅行で日本を訪れることができた人も限られていた。ところが、デカセギ現象によって、桁違いの人数の日系人が日本を体験、体感、堪能したわけだ。そのまま日本に留まった者であれ、出身国に戻った者であれ、両国を行き来している者であれ、あるいはオーストラリアやアメリカなどの第三国に再移住した者であれ、「日本」体験者が増えたことは、それ自体に大きな意味がある。彼ら彼女らは、程度の差こそあれ、日本語や日本文化に触れ、日本人の友人ができ、自分の目でリアルな日本を確かめた。どこにいようが、それはなんらかの形で活かされるはずだし、活かしやすいような対策が望まれる。日系人への投資で得をするのは日系人だけではなく、日本なのだから。

第三章　海外移住の時代からデカセギの時代に

日本人の海外移住と日本への逆流をめぐる動きには、五つの大きな節目がある。

一つ目は「十九世紀末」である。日本が貧しく、人口過剰に対応するために、「移民を開始した」時である。その当時、海外に移住した人の多くは、海外でおカネを貯めて、数年で帰国し、故郷に錦を飾りたいと考えていた。

次の節目は、「敗戦」である。多くの人が、帰国を諦め、移住先への定住を決断した。また、焼け野原となった日本から、海外移民が一九五二年に再開した。

三つ目の節目は、移住先から豊かになった日本への「デカセギ」である。一九八〇年代後半から日本は労働者不足問題に直面し、ブラジルはスーパーインフレで経済的苦境に陥り、世代を経て歴史は逆に回り始めた。

四つ目の節目は二〇〇八年のリーマン・ショックである。多くの日系人が雇用の調整弁として突然雇い止めとなり、また、その後の東日本大震災も重なり、二〇〇七年の段階で約三十八万人いた日系人は、二〇一四年までに、その四割が帰国を余儀なくされた。

五つ目の節目はまさに現在である。二〇二〇年から三年近くの新型コロナウイルスの蔓延、ロシアのウクライナ侵攻、米中対立、気候変動という世界的リスクに加え、日本では人口減少と労働力不足問題がますます深刻化している。国力維持のために外国人労働者をさらに必要とする中、日本で学びたい、働きたいという意欲を有する、かつ「血」を共有する日系人に、如何に有意義に日本で生活してもらうかは、極めて重要な課題である。

◆日本からブラジルへ

日本政府が関与した形での日本人の海外移住は、一八八五年にハワイから始まり、アルゼンチンへは一八八六年、メキシコへは一八九七年、ペルー及びボリビアへは一八九九年、ブラジルへは一九〇八年、パラグアイへは一九三六年に開始された。特に一九二四年以降、米国による日本人移民禁止後は、ブラジルが主な渡航先になった。

当時、日本政府が海外移住を推進した理由は、高い出生率と耕地や雇用不足に起因する人口調整、言い換えれば、「口減らし」であった。ラテンアメリカ諸国は、大きな機会と発展のポテンシャルに溢れた場所であり、日本人移住者は「大きな夢」を抱いて渡航した。戦前の海外移住者は約七十七万人（内ブラジルへの移住者は約十九万人）であった。

しかし、移住先での実際の仕事や生活は、予想を超える過酷な状況であった。ブラジルの場合、コーヒー農園で働く契約農民として酷使された。その後、多くの人が借金を返済し、自作農となる道を選んだものの、未開の土地の原始林の開拓に悪戦苦闘し、マラリアなどの風土病の犠牲となる人も多くいた。移住者はそれらの困難を一歩一歩乗り越え、資金を出し合って集団入植地や農業組合をつくった。また、いずれ日本に帰国することを念頭に、親たちは掘っ立て小屋に住みながらも、子供たちには立派な学校をつくり、教育には熱心に取り組んだ。

◆敗戦が与えた移住者への影響

第二次世界大戦が始まった時に、ブラジルは米国の強い要請を受けて一九四二年に日本、ドイツ、イタリアと国交を断絶し、一九四五年六月には日本に対して宣戦布告した。戦争期間中、米国在住の日系人約十二万人に加え、ペルーから連行された日系人約千八百人も一九四二〜四五年の三年にわたって、「強制収容所」に収容された。ブラジルでは、一部の人は国内の収容所に収監され、日本人の集会や日本語教育は禁止された。

終戦後、ブラジルでは日本の敗戦を信じない「勝ち組」と「負け組（負け認識派）」との間で紛争が発生し、日系社会が分断された。

また、一九四六年から一九五二年までの間、米国を中心に推定四百億円相当の「ララ物資」と呼ばれる食料、衣服、医薬品が日本に届けられたが、その内の二〇%は、日系人及び在留邦人からの援助といわれており、これを契機に米国のみならず、ブラジル、カナダ、メキシコ、アルゼンチンなどの日系人団体も活動を開始した。

その後、一九五七年に国会議員が中心になって、日系人の労苦を慰労すると共に、祖国への支援で示された温かい同胞愛に感謝するために、国連加盟記念・海外日系人親睦大会が開催された。一九六〇年の第二回からは、それが「海外日系人大会」と改称され、現在も海外日系人協会の主催で毎年開催されている。その大会は、日本と全世界の日系社会との連携と交流の推進、世界各国の日系社会間の横の「絆」をつなぐ、貴重な場となっている。

敗戦で焼け野原となった日本の悲惨な状況は、日本人移民とその子孫の現地への同化を大きく促した。移住先で財産を築き帰国を考えていた人々は帰国を断念し、今まで以上に現地での仕事に力を注いだ。

戦前、北米・南米への移住者とは別に、日本が領有していた南樺太、朝鮮半島、台湾、南洋諸島及び満州国に渡った人も多くいた。終戦後、これらの地域からは数年にわたる引き揚げにより、軍人・軍属・民間人約六百万人が帰国した。

戦後の海外移住は政府が主導して、これら海外からの引揚者や日本で望むような仕事に就けなかった人々などを中心にして、一九五二年ブラジルから再開され、その後、パラグアイ、アルゼンチン、ドミニカ共和国に拡大された。

一九五六年から一九六二年頃までは年間一万人を超える人が、そしてその多くは農業移民として移住したが、日本の経済発展とともに移住者は減少し、一九八〇年代にはほとんど途絶え、移住事業は一九九三年に終了した。戦後の移住者総計は約二十五万人（内ブラジルへは約七万人）であった。

戦前、戦後を通じて移住者の都道府県別出身上位は次の順である。

広島県、沖縄県、熊本県、山口県、福岡県、和歌山県、福島県

戦後、移民の多い都道府県は次の順である。

沖縄県、東京都、福岡県、北海道、熊本県、長崎県、鹿児島県

移住先では、出身県ごとに県人会がつくられており、母県との「絆」は留学生や研修生派遣、周年行事等への知事訪問等を通じて維持されている。

コラム　戦争で日本国籍を奪われた二世世代

「一九四二年一月、米国政府に背中を押されたブラジルは日本と外交関係断絶を宣言し、在伯の日本国大使館、総領事館は一九四二年七月から一九五〇年十二月までの約八年の間、ブラジルから撤退し、存在しなかった。その間にブラジルで生まれた人は、日本人としての出生届を提出できなかった。

その後、一九五〇年十二月になって、大使館や総領事館が再開した後、戦中・戦後に生まれた子には、約一年間、申請すれば出生届は受理する救済措置が取られたが、様々な理由から提出できなかった人たちがいた。

大使館や総領事館がなかった約八年間に生まれた子供たちは、既に七十、八十歳代だが、彼らの中には、死ぬまでに日本人として認められたいとの強い思いを持っている人がいる。」

（『ブラジル日報』二〇二二年三月二十六日）

◆ブラジルから日本へ

日本は終戦後、「廃墟からの再建」が始まり、一九六〇年代には高度成長期を迎え、一九七〇年にはＧＤＰ（国民総生産）世界第二位の経済大国となった。その後、一九七〇年代中頃の「石油危機」を乗り越え、一九八〇年代後半にはバブル経済と労働力不足時代を迎えた。

一九八〇年代のブラジルでは年率三桁、九〇年代前半は四桁のハイパー・インフレが発生し、治安も急速に悪化した。その結果、ブラジルでは米国や祖先の国々への移住ブームが発生した。

ペルーでも一九八〇年代後半から九〇年代初めにかけてテロが頻発し、治安も経済状況も極めて深刻であった。そのような厳しい状況の中、一九九〇年七月に日系人として史上初めてアルベルト・フジモリ氏が大統領に就任した。

このようにお互いの国の事情が絡み合って、一九八〇年代後半から世代を超えて逆流現象が始まった。そして、一九九〇年に出入国管理法が改正され、三世までの日系人及びその家族を定住資格で受け入れることとなり、ブラジルとペルーから多数の日系二世・三世が「デカセギ」として来日する時代となった。日本はまさに「移住送り出し国」から「デカセギ受け入れ国」に変わった。

一九九〇年代は就労と蓄財を目的とし、数年で稼いで帰国しようとしていた人が多く、自らを「デカセギ」と呼び、「decasségui」というポルトガル語も生まれた。

二〇〇〇年代になり、彼らの意識は「デカセギ」から「定住（移民）」に移行し、永住権資格取得者が急増した。彼らの在留資格は、滞在期間や就労制限がない「定住者」（家族同伴可）であったが、まさに定住化が進み、「日系ブラジル人」・「日系ペルー人」という言葉と共に「在日ブラジル人」・「在日ペルー人」とも呼ばれるようになった。

◆リーマン・ショック以降

二〇〇七年のピーク時には、ブラジル日系人約三十二万人及びペルー日系人約六万人の総計約三十八万人の日系人が日本に在住し、特に製造業を中心に日本経済を支えていた。居住地は愛知県、静岡県、三重県、群馬県、岐阜県などに集中していた。

しかし、二〇〇八年秋の「リーマン・ショック」以降、多くの人が「雇用の調整弁」として突然解雇され、大きな社会問題となり、約二万人の日系人が帰国助成金（本人三十万円、家族一人当たり二十万円）を受領して帰国した。

その後、東日本大震災と福島原発事故、そして中国の発展を受けてのブラジル経済の好調、ワールドカップのブラジル開催などの影響もあり、在日日系人数は二〇一四年頃には、ピーク時の四割減となった。

さらに一転、二〇一五年以降のブラジルの政治危機、経済成長の鈍化、高い失業率等が影響し、日本在住ブラジル日系人数は二〇一六年以降再び増加に転じた。

◆新型コロナ以降

今回のコロナ禍においては、日系人・日系社会への影響は大きかったものの、二〇〇八年当時より事態は深刻ではなかった。その背景には、次のような事情があったと思われる。日本政府が、特別定額給付金、雇用調整助成金、持続化給付金など、在日外国人をも対象にした大型経済対策を講じた。

日系人社会もリーマン・ショックの経験から、日本の社会保障のシステム（年金、医療保険、雇用保険など）を理解し、それに従うことの必要性を学んでいた。

企業側も突然の雇い止め、派遣切りを行うのではなく、勤務時間の短縮や一時休業など、雇用を維持しつつ人件費削減を行うケースが多かった。

当時既に、ベトナム人などアジアからの外国人労働者の人数が増え、様々な問題が噴出していた。日系人就労者への関心が低下し、日系人のみを対象とした統計数字が出にくかったこともあったと思われる。

ただし、二〇〇八年ほどではなかったものの、日系ブラジル人を含め外国人労働者全体が「雇用調整役」として「犠牲」を担わされたことは同じであった。

二〇二二年十二月末現在、約二十七万人の日系人が日本に在住している。その内ブラジル人は、約二十万九千人（永住者十一万四千人、定住者七万一千人）であり、ペルー人は約四万八千人（永住者三万三千人、定住者一万一千人）である。

在日ブラジル人は、日系二世、三世とその家族である。二〇〇〇年以降、永住者の割合も増加するとともに、ブラジル文化やブラジルへの愛着も大事にするという「在外ブラジル人」としての意識の広がりも見られる。

また、一九九〇年の改正入管法施行以来三十年以上が経ち、日本生まれの第二世代、第三世代も増加している。その中から、既に多くの若者が大学や専門学校等を卒業して、弁護士や医者、企業経営者、介護士、行政書士、エンジニア、落語家などとして日本社会に貢献する人材も出てきている。

◆外国籍の人たちの苦悩

日系人を含む外国籍の人たちの中でも高齢者と子供たちに関わる深刻な問題が浮上している。

まず高齢者についてだが、二〇二一年六月現在、日本で暮らすブラジル人の六十五歳以上の比率は四・六％で約一万人、ペルー人は六・四％で約三千人であり、五、六年後には一一％（約三万人）になる見込みである。彼らは次の三つの課題に直面している。

「制度の壁」年金・医療・介護の問題。掛け金を支払った期間が短く、受給額が少ない。

「心の壁」差別の問題。

「言葉の壁」今のところ、日本語のできない日系人をケアできる施設はない。

子供たちに対する日本語教育の支援も拡充が急がれている。

日系人を含む外国籍の児童生徒に対する日本語支援は、日本語教育推進法が二〇一九年に成立して以降、改善はしているものの、差別のない共生社会をつくる上で、引き続き最重要課題のひとつである。最大の課題は、外国人は義務教育の対象外であることである。日本語学習に関連して、児童たちにとって特に大切なことは、訪日した直後に日本語習得のために、一、二年間、「伴走型の教育」を受けることができるかどうかである。

二〇二一年度の文部科学省の調査によると、公立学校に在籍している外国籍児童生徒数の内、日本語指導が必要な児童・生徒数は約四万七千人である。その内、七三・四％の児童が特別な日本語指導を受けている。

その内訳を母語別に見てみると、ポルトガル語（ブラジル）の児童・生徒が二五％と一番多く、中国語二一％、フィリピン語一六％、スペイン語（ペルー）八％、ベトナム語六％、英語四％、韓国朝鮮語一％、その他の言語一六％（アラビア語、インドネシア語、タイ語、ミャンマー語、タガログ語、ネパール語、モンゴル語等）と続く。児童・生徒の国籍は年々多様になっている。

それとは別に、不就学の可能性のある児童・生徒数は約一万人いる。この人数は、二〇一九年の前回調査と比較すると約九千人減少しているとはいえ、児童自身にとっても、また、日本の将来にとっても大きな懸念材料である。

日本語指導が必要な中学生の高校進学率は八九・九％（全中学生では九九・一％）、日本語指導が必要な高校生の中退率は五・五％（全高校生では一・〇％）、日本語指導が必要な高校生の大学等進学率は五一・八％（全高校生では七三・四％）、日本語指導が必要な高校生の就職者における非正規就職率は三九・〇％（全高校生では三・三％）。

このように日本語指導を必要とする中学生・高校生の高校や大学への進学率は、日本人より相当低い。また、高校生の中退率、非正規就職比率は非常に高い。

学び直しのために、夜間中学校へ行く日系人もいる。みんな中学校を卒業したということになっているが、中学校卒業時の学力というか、日本語能力がないから困っている人も多い。夜間学校は非常に重要である。

◆日系四世問題の今後

二世、三世とその家族は、一九九〇年以降「定住者」として日本に滞在できるが、四世以後の日系人は、一人で滞在することはできず、二〇一八年になって、年間四千人を目途に、初めて四世の長期滞在制度（受入れサポーター必要、年齢十八～三十歳、最長五年、家族帯同なし、日本語N４が条件）が認められた。

しかしながら、二年前に日本語要件がN４からN５に緩和されたものの、実績が上がらないことから、二〇二二年五月末、ブラジル日系五団体の総意として日本政府（林禎二駐ブラジル日本大使宛）に対し、本制度の見直し、条件緩和について、次のような要請があった。要請は四世に限定して提出されているが、五世以降の取り扱いについても検討を要する時代がすぐに来ると思われる。

- 受入れサポーターの条件緩和（条件があまりに厳しく、サポーターのなり手がいない）
- 家族帯同の許可（二世・三世は初めから家族帯同可。条件を付して可能にして欲しい）
- 年齢制限（十八歳～三十歳）の緩和（三十歳を超えている四世が沢山いる）
- 生活習慣の違いなどに関する事前研修会の開催

二〇二三年三月現在、本件要望書に関しては、政府部内及び自民党内の関連議連でも検討が開始されており、実績が上がる改善が決定されることを期待したい。なお、「中南米日系社会との連携に関する有識者懇談会報告書」（二〇一七年公表）においても、「四世以後の世代にも在留資格について特別な施策を検討すべきである」との指摘がある。

私には、本件に関連して忘れられない出来事がある。二〇一五年六月ブラジリアで開催された日本祭りの期間中、十五、六歳の二人の少年から私（当時駐ブラジル日本大使）に対し、日本語で切々とした次のような訴えがあった。

「自分たちは、三年前、両親と共に日本からブラジルに帰国した。日本で生まれ、日本で育った自分たちは、再度、日本に行って勉強し、働きたいと思っているが、現在の制度の下では、自分たちだけで日本に行くことはできない。行けるようにして欲しい」

その後、ブラジル各地の出張先で同様の要請を受けることが何度かあったので、呉屋（ごや）春美ブラジル日本文化福祉協会会長（当時）に対して、四世の長期滞在制度が本当に必要であるならば、ブラジル日系社会の総意として日本政府に要請して欲しいとお願いした。その結果、二〇一六年夏、日系社会の総意として四世に関する要請書の提出があった。私は、それを東京につなぎ、真剣な検討をお願いしたが、その年の秋に転勤となった。二〇一八年秋、報道で新たな制度が導入されたことを次の勤務地で知り、関係者にお祝いと感謝を伝えた経緯がある。

それから四年後の二〇二二年九月の段階で、年間四千人を想定していたこの制度の下で、日本に入国できた日系四世は総計百四十一人でしかないと知って、愕然とした。その後もあの二人の少年は今どうしているだろうか、と思うことがある。

コラム

「要件緩和進め日系四世増やせ」

国外就労者情報援護センター（CIATE）理事長　二宮正人

海外の日系四世が日本に滞在できる在留資格制度が二〇一八年七月に導入された。この制度の受け入れ枠は年四千人だが、実際には二〇二二年九月末までの累計で百四十一人にとどまる。利用のハードルが高すぎるのだ。本制度の対象は十八歳から三十歳に限られるが、筆者が暮らすブラジルには世界一の日系社会がある。三十歳を超える日系四世も多い。架け橋となる人材の育成において年齢は問題ではない。大幅な緩和が必要だと考える。

最長五年となる滞在期間、及び滞在期間更新に伴う日本語能力要件（滞在期間一年を超える場合は日本語能力試験N４程度、滞在期間三年を超える場合はN３程度）も疑問である。流暢な日本語能力を身に付けたのであれば、長期間の滞在機会を与えるべきだ。逆に滞在期間を短期間に制限するのであれば、N3までの日本語能力を要求すべきではない。

日本人が思っている以上に、外国人にとって日本語習得は難しい。就労しながらでは、なおさらである。この制度では一週間に一回の日本語や日本文化を習得するための活動が義務付けられており、この活動で日本語能力はある程度担保できる。受け入れサポーターという日本在住の無償の支援者の確保も容易ではない。サポーター希望者が少ない上、外国からサポーターを探す手段も限られる。せめて実費程度の報酬は必要で、現地外国人とサポーターをマッチングさせる手間の軽減も求められる。

家族の帯同禁止という制限も厳しい。家族との同居が当たり前のブラジル人にとっては、これだけで本制度を利用できない。四世ともなると、すでに結婚して子がいてもおかしくない世代である。例えば、訪日一年後には一定の要件のもとで呼び寄せを可能にするなどの配慮が必要と考える。

日系四世の在留資格制度は、日系社会の現状と乖離しており、利用促進のためには、要件の緩和が不可欠である。海外日系社会は、かつて移住した日本人とその子孫が苦労の中で築き上げてきた財産であり、当該日系社会を擁する国と日本とをつなぐ貴重な存在である。日本政府は海外日系社会の重要性を認識するとともに、日系人の声を適切に反映した形で本制度の改正を期待したい。

（『日本経済新聞』「私見卓見」二〇二三年三月十六日）

◆事件を起こした日系人の帰国

日本で事件を起こした「犯人」が逮捕される前にブラジルに逃げ帰っているケースもある。

二〇二三年一月に公開された映画『ファミリア』は、言葉の壁や歴史の違い、生活習慣の違いを乗りこえて、共に生きる道を如何に見つけるかを考えさせる格好の作品である。物語の中で、日系人による「ひき逃げ」で娘を殺害され、日系ブラジル人に恨みを抱く日本人男性が登場する。

類似の事件は二〇〇五年に静岡県湖西市内で発生し、二歳の女児が死亡した。犯人（三十九歳、日系人女性）は、事件直後にブラジルに逃亡したが、ブラジルには憲法上自国民を引き渡さないとの規定があり、日本政府の「代理処罰」の要請を受けて、犯人はブラジルで起訴された。その結果、第一審は二〇一三年、禁固二年二カ月を言い渡したが、控訴審は禁固二年に減刑した上で時効成立と判断した。私は、控訴審のあまりにも理不尽な判決後、ブラジリアのロドリゴ・ジャノー最高検察庁長官（当時）及び連邦高等裁判所を訪ね、「公正な判断」をお願いした。検察の上告を受けた連邦高裁が控訴判決を破棄し、二〇一六年三月に禁固二年二カ月が確定した。

◆「外国人材の受入れ・共生のための総合的対応策」

二〇一八年十二月、特定技能制度の導入を決定した際、出入国在留管理庁が中心となって、「外国人材の受入れ・共生のための総合的対応策」の作成を開始し、その後も毎年一度、内容を充実して閣議決定している。また、外国人に対する日本語教育を推進するため、議員立法で二〇二〇年に「日本語教育の推進に関する法律」が公布・施行された。ようやく、日本も外国人材を受け入れるための基盤を本格的に整える第一歩を踏み出したと言える。

三十年前の一九九〇年以降、多数の日系人が日本に来たことが「日本の多文化共生社会構築の入口」であったが、日系人受け入れに際して、「デカセギ」の人たちはいずれ帰国するということを前提にしていたことから、必要な対策は全く取られていなかったといっても過言ではない。例えば、日本の社会保障制度、文化や習慣の違いなどに関する事前説明すら行っていなかったこと、子供の教育への配慮に欠けていたことなど反省材料は多々ある。その結果が、子供たちのドロップ・アウト、低い高校進学率、日系社会と日本社会との摩擦の要因であったと思われる。この三十年間の日系人受け入れの功罪を十分に分析・反省して、活かすことが「今後差別のない多文化共生社会」をつくる上で、大事な教訓になると考えている。

この点に関連して、ブラジルの場合、厚生労働省の支援を得て国外就労者情報援護センター（ＣＩＡＴＥ）が一九九二年にサンパウロに創設され、「希望者」に対しては日本語研修や情報提供を実施してきている。

しかしながら、訪日希望者が日本の制度を理解し安心して生活し、日本社会との摩擦を減らすためには、訪日希望者全員に対して事前研修の受講を「義務化」すべきだと思う。ブラジルの面積は日本の約二十三倍もあり、これまでサンパウロ以外で暮らす人に対する研修の提供は容易でなかったと思われるが、新型コロナ蔓延の期間中に広く普及したオンライン講座はとても有益なツールだと知った。「事前研修の一刻も早い義務化」は、定住資格で入国する三世及びその配偶者、長期滞在資格（五年間）で訪日する四世にとっても、日本社会にとっても極めて重要であり、早期実施が望まれる。

おわりに

日本で活躍する日系人に関する本を書きたいとの思いを三年前から抱いてきた。気持ちばかりが先行し、その思いをなかなか実行に移すことができなかったが、今般、友人の田中清行氏、関口ひとみ氏、荒舩秀一郎氏、海外日系人協会の田中克之理事長、西脇祐平氏、移民研究フォーラム（ANBEC）の栗田政彦氏のご支援と、度重なる取材に応じていただいた十名の方、提言をいただいたアンジェロ・イシ教授等々のご尽力により、ようやく実現できたことに心から感謝したい。

私は、外務省に四十二年勤め、二〇二〇年四月に退官した。外国勤務地は、ベトナム、ブラジル、中国、米国、ペルー、インドネシアなどの八カ国であった。また東京本省では、フィリピン、ネパール、ミャンマーなど東南アジア・南西アジア諸国、朝鮮半島を直接担当したことがある。偶然にも、これらの諸国はまさに日系人や日本で働く外国人労働者数の多い国であり、日本で働くこれらの国の人たちが直面する問題に取り組めることに、強い「縁」を感じている。現在は二つの「場」で活動している。

一つは、二階俊博自民党前幹事長の示唆を受け、武部勤会長（元自民党幹事長）の強力なイニシアティブの下、二〇二〇年十月に創設された「外国人材共生支援全国協会（ＮＡＧＯＭｉ）」である。同協会の設立目的は、①日本に来る若者の立場に立って外国人材受け入れ政策を考えること、②技能実習制度と特定技能制度の一貫性ある制度構築に貢献すること、③悪質なブローカーや企業団体から外国人材を守ること、の三つである。設立当初から副会長の一人として参加しているが、二国間関係の基礎は国民感情であり、日本で働く「外国人材」が日本に来て良かったと思える環境づくりに、微力ながらでも関与できていることをうれしく思っている。

もう一つ、中南米日系社会連携大使（外務省参与）及び海外日系人協会理事として、世界の日系社会との連携強化と、日本に住む日系人の人たちが直面している課題や日系四世の長期滞在問題などの改善に取り組んでいる。移住の歴史的背景、各国において日本文化普及のために日系社会が果たしている大きな貢献、現実にペルーとブラジルにおける業務で多くの日系人の方に助けていただいたことを思い出すと、これらの課題に取り組めていることがとてもありがたく感じられる。

本書を作成する過程において、海外日系人の総数について大きな疑問を感じた。

二〇一七年の海外日系人協会資料によると、世界には約四百万人の日系人がいると推定されている。その内訳は、ブラジル約百九十万人、米国約百五十四万人、カナダ約十二万人、ペルー約十万人、アルゼンチン約六万五千人などと続くが、米国やカナダのように国勢調査で人種と人数がある程度判明する国もあるが、ブラジルやペルー等多くの国では推定するしかない。日本国内には二〇二〇年の段階で、ブラジル及びペルー日系人を中心に約二十七万人が居住している。

私が知る限り、ブラジルでは二〇一五年に大使館を中心に見直しが行われ、二十年以上使用されていた約百六十万人という人数が、特殊出生率をベースに約百九十万人に改められた。最近では約二百万人という人数もよく使用されている。

ペルーの日系人数は、二十五年以上約十万人という人数が使われてきていたが、大使館と日系協会が協力して二年以上にわたり見直し作業を進めた結果、二〇二三年五月に約二十万人という人数が公表された。

東南アジアでは太平洋戦争の終戦後八十年近く経った今も戦争の傷跡は残っている。フィリピンでは日本大使館とダバオ総領事館が日本財団やＮＰＯ法人フィリピン日系人リーガルサポートセンターの人たちと共に残留日本人の国籍回復に取り組んでいる。インドネシアでは、オランダとの独立戦争を支援した残留日本兵の一部は、英雄墓地に埋葬されているし、その子孫がインドネシア社会に貢献している。ベトナムでは、フランスとの独立戦争を戦った残留日本兵とその家族の存在は歴史に埋もれていたが、二〇一七年の天皇皇后両陛下のベトナム訪問を機に、ようやく多くの人に知られるようになった。

また、第一次世界大戦後から第二次世界大戦の終了時まで、日本が国際連盟から託され統治していた南洋諸島に位置する諸国には、相当数の日系人が存在する。例えば、マーシャル諸島では、約四・二万人の人口の内約一割が日系人といわれており、二〇二三年五月現在、十一名の閣僚中、七名が日系人である。また、パラオでは、約一・八万人の人口の内、約一割強（約二千人）が日系人といわれている。ミクロネシア連邦では、総人口十一・三万人の内約二割が日系人といわれている。彼らの多くは、戦前、これらの国に移住した日本人の子孫であるが、今やその存在はあまり知られていない。

一般に日系人というと、北米大陸やブラジルなど中南米諸国等への日本人移住者及びその子孫を思い浮かべるだろう。しかし、この二、三十年で顕在化してきたのは、片親が日本人で日本以外の国で生活する子供たち、「新日系人」が増えていることである。二〇二三年三月に開催されたワールド・ベースボール・クラシック（WBC）の日本チームの一員として大活躍したラーズ・ヌートバー選手（日本名：榎田達治）もその一人である。アジアやヨーロッパでは、彼らの人数と子孫については把握されていない。フィリピンには、日本人の父親の認知を受けていない子供たちが十万人程度いるとも言われている。

さらに、最近、日本経済の停滞や円安を背景に、「夢」と「高給」を求めて、豪州や北米、欧州などに働きにでる若者が増えている。当初、数年で帰国するつもりで移り住んでも、結果として彼の地に定住する可能性がある。

いずれにせよ、世界の日系人数については、推定せざるを得ない国が多数ではあるが、おそらく世界には、四百万人より相当多い日系人がいるのではないかと思われる。この点に関しては、日本政府が主導して、せめて十年毎に世界的に人数の推定作業をしても良いのではなかろうか。そして、世界中の日系社会を「外交資産」と措定し、ブラジルをはじめ、北米や中南米諸国で行われているように、それぞれの国において日系社会との連携の在り方について改めて検討する価値があると思う。

本書でご登場いただいた方の重複は避けて、これまでの私の人生においてお世話になった日系人の方々のお名前と当時の肩書きを次に挙げて、改めて衷心よりの御礼とさせていただく。

ブラジルのルイス・ニシモリ連邦下院議員、ジュンイチ・サイトウ空軍総司令官、ブラジル日本文化福祉協会会長の木多喜八郎氏と呉屋春美氏、菊池義治ブラジル援護協会会長、本橋幹久県連会長、青木智恵子ブルーツリーホテル社長、柔道の普及に功績のあった故関根隆範氏、ブラジル日本商工会議所の村田俊典会頭と平田藤義事務局長、三分一貴美子ブラジリア日本語普及協会会長、二宮正人サンパウロ大学教授・ＣＩＡＴＥ理事長、鹿田明義日伯文化体育連盟理事長、森口秀幸医師、深沢正雪ニッケイ新聞編集長
ペルーのヘラルド・マルイ氏、ビクトル・コンノ・ペルー日系人協会会長、樋口のおばあちゃん
フィリピンの、国籍回復調査を開始したイロイロ市の日系人と住民の方々
ベトナムの残留日本兵のご家族の皆様
最後に、妻に対して五十年近く共に歩み、叱咤激励してもらったことに感謝するとともに、この本をささげたい。

二〇二三年七月吉日

梅田邦夫

梅田　邦夫（うめだ　くにお）

1954年３月広島生まれ。1978年外務省入省後、本省では人事課長、南部アジア部長（東南アジア・南西アジア担当）、国際協力局長を歴任、在外勤務はペルー、アメリカ、国際連合日本代表部、中国などを経て、2014年駐ブラジル全権大使、2016年駐ベトナム全権大使を歴任。2020年４月退職後は、外務省参与（中南米日系社会連携大使）、外国人材共生支援全国協会（NAGOMi）副会長、海外日系人協会理事、日本サッカー協会国際委員、富士通シニア・アドバイザーなどを務める。

ブラジル日系人の日本社会への貢献

2023年10月29日　初版第１刷発行

著　者　梅田邦夫
発行者　中田典昭
発行所　東京図書出版
発行発売　株式会社 リフレ出版
〒112-0001　東京都文京区白山 5-4-1-2F
電話（03）6772-7906　FAX 0120-41-8080
印　刷　株式会社 ブレイン

ISBN978-4-86641-693-9 C0095
Printed in Japan 2023